2017年度
北京地区股权投资行业报告

北京股权投资基金协会　编
Beijing Private Equity Association (BPEA)

首都经济贸易大学出版社
Capital University of Economics and Business Press
·北　京·

图书在版编目(CIP)数据

2017年度北京地区股权投资行业报告/北京股权投资基金协会编. --北京:首都经济贸易大学出版社,2018.6

ISBN 978-7-5638-2799-2

Ⅰ.①2… Ⅱ.①北… Ⅲ.①股份有限公司—融资—研究报告—北京—2017 ②股权—投资基金—研究报告—北京—2017 Ⅳ.①F279.246 ②F832.51

中国版本图书馆CIP数据核字(2018)第080911号

2017年度北京地区股权投资行业报告
北京股权投资基金协会 编

责任编辑 薛晓红
封面设计 砚祥志远·激光照排 TEL: 010-65976003
出版发行 首都经济贸易大学出版社
地　　址 北京市朝阳区红庙（邮编100026）
电　　话 (010)65976483 65065761 65071505(传真)
网　　址 http://www.sjmcb.com
E-mail publish@cueb.edu.cn
经　　销 全国新华书店
照　　排 北京砚祥志远激光照排技术有限公司
印　　刷 北京九州迅驰传媒文化有限公司
开　　本 787毫米×1092毫米 1/16
字　　数 256千字
印　　张 10
版　　次 2018年6月第1版 2018年6月第1次印刷
书　　号 ISBN 978-7-5638-2799-2/F·1539
定　　价 38.00元

目 录

第一部分 2017 年度北京地区私募股权投资行业发展指数发布及解析

第二部分 2017 年北京地区股权投资市场统计报告

第三部分 第九届全球PE北京论坛精彩观点

第四部分 政策汇编(2017年12月)

第五部分 北京股权投资基金协会会员名录

第六部分 北京股权投资基金协会介绍

第 一 部 分

2017年度北京地区私募股权投资行业发展指数发布及解析

背景介绍:北京地区私募股权投资行业发展指数(以下简称“北京 PE 指数”)是在北京市金融工作局的指导和支持下,由北京市金融发展促进中心、中国股权投资基金协会、北京股权投资基金协会、北京大学金融与产业发展研究中心以及清科研究中心共同编制,并得到多家业内有影响力的 PE 和 VC 投资机构的支持。北京 PE 指数以 2013 年上半年为基期,每半年编制发布一期。

在北京市金融工作局的指导下,北京市金融发展促进中心、北京股权投资基金协会分别于 2017 年 8 月和 2018 年 4 月联合发布了 2017 年上半年和 2017 年下半年北京地区私募股权投资行业发展指数(以下简称“北京 PE 指数”)。2017 年上半年,北京 PE 指数为 118.85,环比下降 4.15%,同比增长 0.52%。2017 年下半年,北京 PE 指数为 120.25,环比增长 1.18%,同比下降 3.03%。从整体上看,2017 年北京 PE 指数高位小幅震荡,其中下半年较上半年稳步回升(参见图 1)。

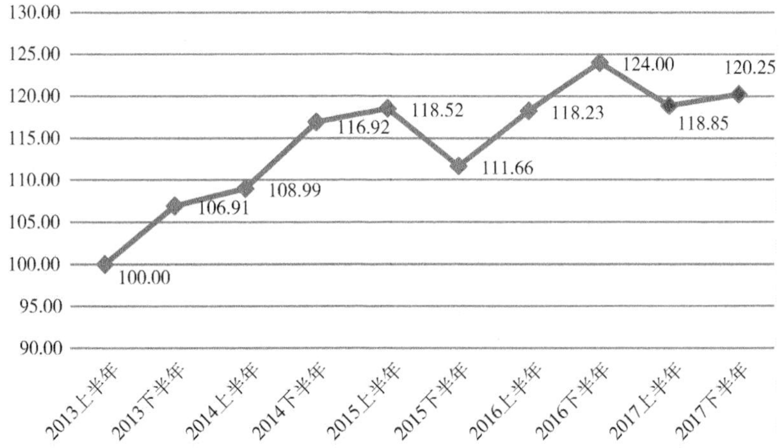

图 1　2013 年 H1—2017 年 H2 北京 PE 指数时间序列

从分项指标上看,2017 年上、下半年募资、投资、退出及信心指数呈现如下特点。

1 2017 年上半年募资指数较 2016 年下半年最高点环比下降,2017 年下半年募资指数降幅收窄,与上期基本持平

2017 年上半年募资指数为 119.69,环比下降 5.06%;2017 年下半年募资指数为 119.51,环比下降 0.15%,降幅大幅收窄,与上期基本持平(参见图 2)。募资指数以募资规模为编制基础,从募资指数走势可知,2017 年上、下半年募资市场规模基本持平,但是明显低于 2016 年下半年最高点。基金募资规模的回调,我们认为主要有两方面原因:一是基金自身生命周期的调节,走过 2016 年下半年募集的"波峰",大多数基金于 2017 年进入投资期,基金只有投资出去至少一半以上才会启动新基金的募集;二是经历市场优胜劣汰后的基金管理人更加冷静和理性,虽然当前市场上资金多,但大都是政府、国有背景的钱,资金的限制也多,管理人募集基金时更加谨慎。虽然募资市场规模整体回落,但是募资市场仍延续了 2016 年下半年高点时的特点,即国有资本继续进入股权投资行业,部分优秀管理机构募得大额资金。

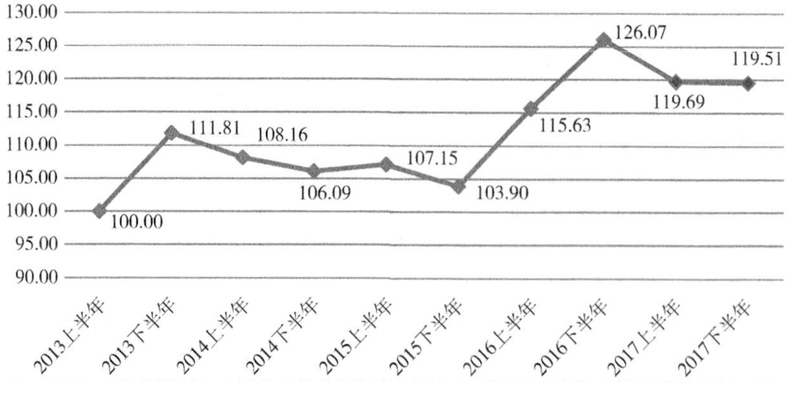

图 2 2013 年 H1—2017 年 H2 北京 PE 指数募资指数时间序列

2　投资指数环比下降，但仍处于高位

2017 年上半年投资指数为 120.37，环比下降 0.73%；2017 年下半年投资指数为 119.02，环比下降 1.12%；投资分项指数显示，股权投资市场投资规模有所降温，但仍处于高位（参见图 3）。机构调研显示，2017 年，机构对投资的态度普遍谨慎。2017 年上半年投资案例个数下降，平均单个项目投资金额上升，在风险不确定的前提下，投资机构倾向于投资热点，如共享单车项目吸引了多家业内领先机构参与，估值不断走高。2017 年下半年，北京地区 VC 机构和 PE 机构市场表现开始分化。数据调研显示，2017 年下半年，北京地区 VC 机构投资规模上升，PE 机构投资规模下降，综合而言，整体投资规模略降，但单个项目投资金额呈上升态势。当前股权投资机构面临的仍然是钱多、好项目少的市场环境，投资估值高企，竞争激烈，很多小的创业企业面临 A 轮融资完成后发展到 B 轮或 C 轮融资时资金链断裂的困境。基金更倾向于投资行业排名前三的企业，以规避风险。

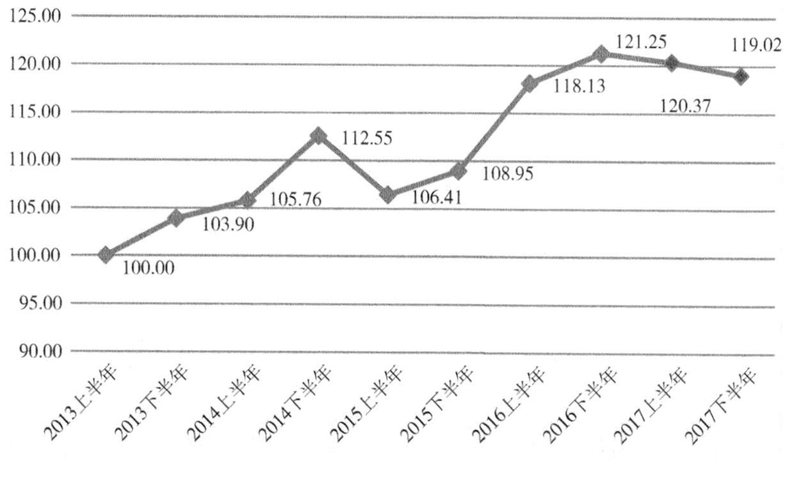

图 3　2013 年 H1—2017 年 H2 北京 PE 指数投资指数时间序列

3 退出指数环比下降,但降幅收窄

2017年上半年退出指数为130.40,环比下降2.92%;2017年下半年退出指数为128.93,环比下降1.13%;退出分项指数环比下降,但降幅收窄(参见图4)。2017年上半年以来,IPO审核提速,私募股权投资机构通过IPO渠道退出比例增大,2017年上半年A股上市的企业中获得PE、VC机构支持的企业比重达到50%以上。受益于2017年IPO常态化,2017年全年机构IPO账面退出金额明显增多,只是这个数据并没有反映在退出指数中。从退出方式看,IPO仍然是股权投资基金退出收益最高的方式,但并购退出经过这几年的发展也得到更多机构的认可。清科数据显示,2017年全年,VC、PE机构支持的并购渗透率过半,PE、VC机构是并购的重要推动力。

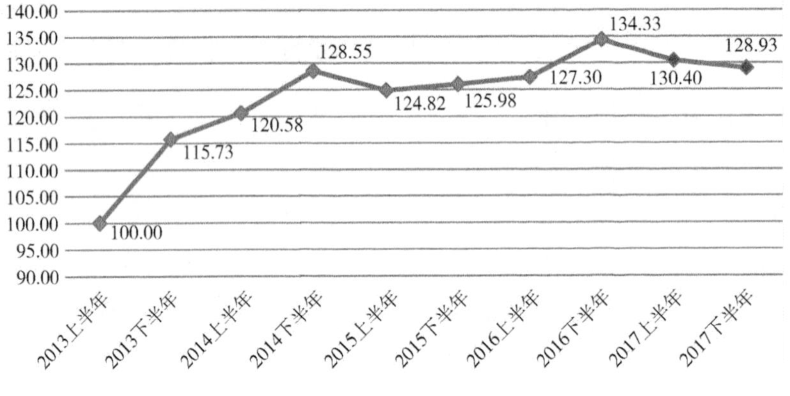

图4 2013年H1—2017年H2北京PE指数退出指数时间序列

4 信心指数上涨,但机构对未来半年募资和投资持谨慎态度

2017年上半年信心指数为112.00,环比下降7.05%;2017年下半年信心指数为119.83,环比上升6.99%(参见图5)。

2017年上半年,从信心指数上看,募资、投资、退出市场的回调给投资人信心带来

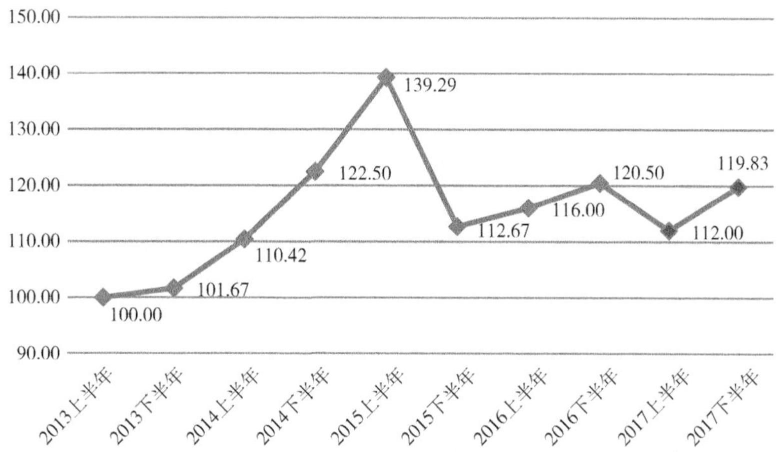

图 5　2013 年 H1—2017 年 H2 北京 PE 指数信心指数时间序列

了一定影响，机构投资人对未来半年行业的总体评价保持中性态度，即认为行业下半年将保持平稳发展态势；机构对自身业务评价仍较为乐观，对被投资企业运营情况的未来半年评价较上一期略有下降；对募资预期和投资预期，机构投资人保持谨慎态度。

但是 2017 年下半年机构信心指数回升。从预期分项指标看，虽然指标所处水平显示投资人认为 2018 年上半年行业总体仍将保持平稳发展态势，对自身业务发展预期、募资预期、投资预期保持中性，但是行业总体评价、被投企业运营情况预期、募资预期、投资预期 1 这四个指标均较上期有所增长，而自身业务发展预期指标和投资预期 2 指标较上期有所下降（见图 6），综合显示投资人对行业和自身业务发展持谨慎乐观的态度。

2017 年是股权投资行业的政策利好年，从上半年到下半年有利于行业发展的政策不断出台。上半年，财政部、税务总局发布《关于创业投资企业和天使投资个人有关税收试点政策的通知》（财税〔2017〕38 号），明确给予投资于初创科技型企业的相关创业投资企业和天使投资个人以税收优惠政策；中国证监会就《关于开展创新创业

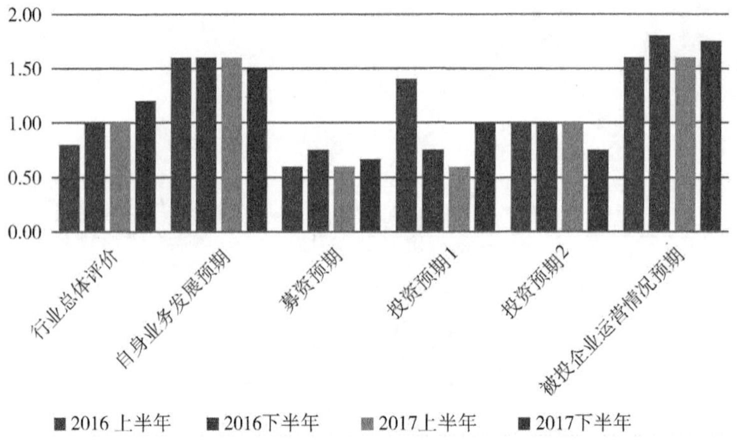

图6 2016年H1、H2与2017年H1、H2预期分项指标对比

公司债券试点的指导意见(征求意见稿)》公开征求意见,其中,创新创业公司债适用范围包括符合条件的创新创业公司和创业投资公司,为创投企业提供了新的募资渠道。下半年,《私募投资基金管理暂行条例》(征求意见稿)发布,指引行业规范发展;十九大明确提出要"增强金融服务实体经济能力,提高直接融资比重,促进多层次资本市场健康发展";境内IPO企业国有股转持政策停止执行,国有PE机构迎来重大利好。2018年的政府工作报告还提出了行业税收普惠政策、支持创新创业型企业上市等细则,未来更多的有利于行业发展的政策值得期待。北京市发展股权投资市场的条件得天独厚,既有适合股权投资的高精尖产业布局,也有优质的机构LP聚集,因此吸引了众多的股权投资机构落户北京。作为股权投资发展最快也最活跃的城市,北京市也将出台系列政策继续大力支持股权投资机构落地发展。北京地区股权投资行业历经了快速发展、内部调整、优胜劣汰等过程,将迎来新的发展时代。

附1 历期指数编制及发布数据汇总

北京PE指数以北京地区私募股权投资行业整体发展情况为基础,通过北京地区当期私募股权投资机构募资、投资、退出情况和机构对未来投融资的信心预期的调研，完成指数编制。

北京 PE 指数编制初期以季度为周期，分别发布了 2013 年 Q3 和 2013 年 Q4 两期指数，参见附表 1。随后根据市场反馈和指数专家委员会的建议，指数编制和发布频率调整为每半年一次，截至目前共发布 7 期指数，参见附表 2。

附表 1　2006—2013 年季度指数编制结果

	募资指标	投资指标	退出指标	预期合成指标	行业发展指数
2006 季均	110. 77	91. 46	64. 61	100. 00	103. 00
2007 季均	111. 41	95. 91	73. 08	100. 00	100. 68
2008 季均	118. 59	102. 74	81. 99	100. 00	107. 28
2009 季均	113. 76	108. 90	91. 00	100. 00	106. 69
2010 季均	119. 82	107. 33	103. 85	100. 00	107. 81
2011 季均	125. 80	115. 11	117. 32	100. 00	113. 11
2012 季均	125. 48	111. 36	115. 88	100. 00	112. 97
2013 第一季度	100. 00	100. 00	100. 00	100. 00	100. 00
2013 第二季度	110. 79	103. 14	115. 64	100. 00	103. 96
2013 第三季度	121. 10	103. 68	100. 51	80. 85	106. 36
2013 第四季度	119. 44	107. 66	135. 96	118. 00	114. 84

附表 2　2006—2016 年半年度指数编制结果

	募资指标	投资指标	退出指标	预期合成指标	行业发展指数
2006 半年均	103. 37	90. 45	61. 04	100. 00	100. 18
2007 半年均	103. 94	94. 59	68. 23	100. 00	98. 07
2008 半年均	110. 29	100. 95	75. 80	100. 00	104. 07
2009 半年均	106. 02	106. 69	83. 45	100. 00	103. 53
2010 半年均	111. 38	105. 22	94. 36	100. 00	104. 55
2011 半年均	116. 67	112. 46	105. 80	100. 00	109. 37

续表

	募资指标	投资指标	退出指标	预期合成指标	行业发展指数
2012 半年均	116. 38	108. 97	104. 57	100. 00	109. 24
2013 上半年	100. 00	100. 00	100. 00	100. 00	100. 00
2013 下半年	111. 81	103. 90	115. 73	101. 67	106. 91
2014 上半年	108. 16	105. 76	120. 58	110. 42	108. 99
2014 下半年	106. 09	112. 55	128. 55	122. 50	116. 92
2015 上半年	107. 15	106. 41	124. 82	139. 29	118. 52
2015 下半年	103. 90	108. 95	125. 98	112. 67	111. 66
2016 上半年	115. 63	118. 13	127. 30	116. 00	118. 23
2016 下半年	126. 07	121. 25	134. 33	120. 50	124. 00

附 2　现行指数编制体系构架

北京 PE 指数体系分为三层架构(参见附图 1)。

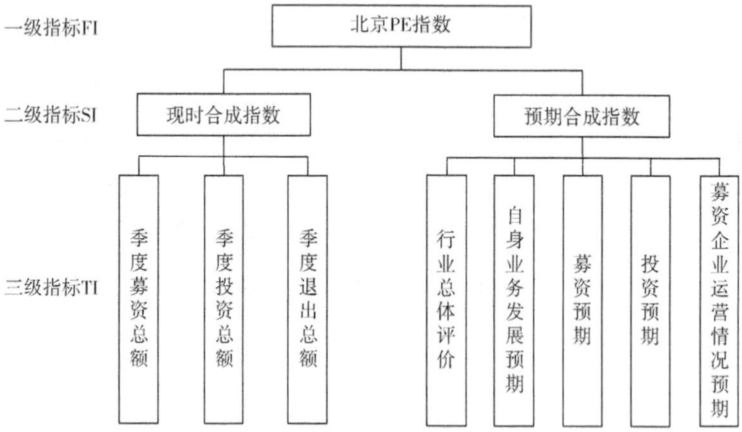

附图 1　北京 PE 指数体系构架

一级指标 FI 即北京 PE 指数,由二级指标加权综合而得。

二级指标 SI 包括现时合成指数与预期合成指数。现时合成指数是由三级定量指标加权综合而得,权重通过合成指标法计算。预期合成指数是由三级定性指标量化后进行简单算术平均而得。

三级指标 TI 包括定量指标和定性指标。定量指标是指各机构样本募、投、管、退四个方面的原始数据。定性指标是来源于配套调研问卷数据的指标,包括:行业总体评价、自身业务发展预期、募资预期、投资预期、募资企业运营情况预期。

第 二 部 分

2017 年北京地区股权投资市场统计报告

1　中国股权投资市场现状分析

1.1　管理资本量分析

中国证券投资基金业协会(简称“中国基金业协会”)公布的最新数据显示,截至2017年12月,国内私募创业投资、股权投资机构超过1.3万家,市场活跃度增加的同时,机构间竞争加剧。据清科研究中心旗下私募通统计,截至2017年年底,中外股权投资机构可投资于中国大陆的管理资本量总计超8.7万亿元,按照规模统计中国已成为全球第二大股权投资市场。

可投资于中国大陆的资本存量逐年增长,但资本存量增速下降。据清科研究中心旗下私募通统计,2017年,中外股权投资机构可投资于中国大陆资本存量达3.05万亿元人民币,较2016年增加了5 777.23亿元人民币,增幅为23.3%,见图1-1。其中,中国创业投资市场可投资于中国大陆资本存量达7 681.35亿元人民币,较2016年增加1 450.8亿元人民币;中国私募股权投资市场可投资于中国大陆资本存量1.85万亿元人民币,增速为30.1%。2007—2017年,中外股权投资机构可投资于中国大陆的资本存量逐年增长,2017年可投资于中国大陆的资本存量是2007年的7.8倍。与2016年相比,2017年中国股权投资市场可投资本存量增长率虽有所下降,但整体存量仍保持在3.05万亿元的高位。近三年,中国股权投资市场资本存量增长迅速,但在中国人民银行、银监会、证监会、保监会、外汇局出台的《关于规范金融机构资产管理业务的指导意见(征求意见稿)》实施之后,中国股权投资的募资来源将受到进一步的监管，届时，募资难度将会增加，清科研究中心预计，2018年机构资本存量增速将下降。

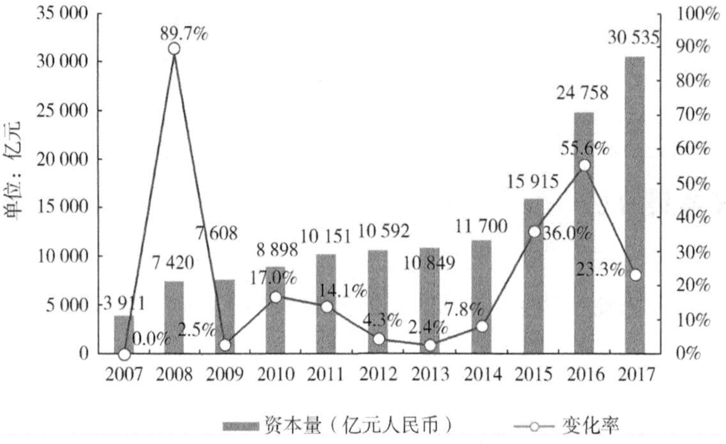

图1-1　2007—2017年中国股权投资市场可投资于中国大陆的资本存量及其变化率比较

1.2　募资情况分析

2017年，中国股权投资市场募资总量持续增加。据清科研究中心旗下私募通统计，2017年，中国股权投资市场共新募集3 574支可投资于中国大陆的基金，同比上升46.6%；已知募资规模的2 925支基金新增可投资于中国大陆的资本量为1.79万亿元人民币，同比增幅高达30.5%，平均募集规模为6.12亿元人民币，见表1-1和图1-2。清科研究中心《2018年行业发展趋势判断》调研结果显示，大部分投资机构对2018年市场募资情况较为乐观，但是在《私募投资基金管理暂行条例》和《处置非法集资条例》已加入国务院2018年立法工作计划的背景下，金融市场"严监管"已成趋势，2018年投资机构募资渠道将收窄，部分机构的募资将受到影响。

表 1-1 2007—2017 年中国股权投资市场募资情况分析

年度	新募基金数（总）	变化率	新募基金数（金）	新增资本量（亿元人民币）	变化率	平均新增资本量（按增资机构）（亿元人民币）
2007	122	54.4%	122	2 992.91	111.0%	24.53
2008	167	36.9%	167	4 676.09	56.2%	28.00
2009	124	-25.7%	124	1 285.00	-72.5%	10.36
2010	240	93.5%	232	2 567.90	99.8%	11.07
2011	617	157.1%	600	4 231.49	64.8%	7.05
2012	621	0.6%	606	2 177.85	-48.5%	3.59
2013	548	-11.8%	532	2 514.50	15.5%	4.73
2014	745	35.9%	715	5 117.97	103.5%	7.16
2015	2 970	298.7%	2 259	7 849.47	53.4%	3.47
2016	2 438	-17.9%	2 030	13 712.05	74.7%	6.75
2017	3 574	46.6%	2 925	17 888.72	30.5%	6.12

来源：私募通 2018.01　　www.pedata.cn

中国股权投资机构募集仍以人民币为主。据清科研究中心旗下私募通统计，2017 年，中国股权投资募集市场以人民币为主，人民币新募基金有 3 502 支，募集总额有 1.67 万亿人民币，占比分别为 98.0% 和 93.6%。另外，《2018 年行业发展趋势判断》调研显示，未来 6 个月中国股权投资机构将以人民币基金募资为主（占比 58%），人民币基金和外币基金结合募资为辅（23%），纯外币基金募资占比将会非常小，大概在 3% 左右。

1.3 投资情况分析

中国股权投资市场投资规模持续扩大。据清科研究中心旗下私募通统计，2017

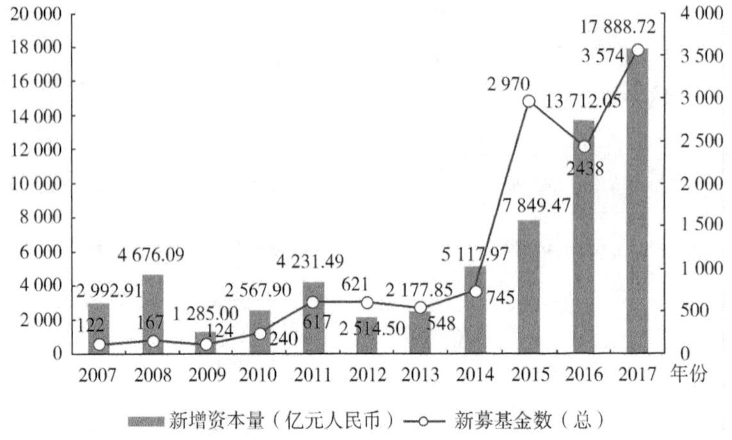

图1－2　2007—2017年中国股权投资市场募资情况分析

年，中国股权投资市场共计完成1.01万起投资案例，较去年同期增长11.2%；投资交易共涉及金额1.2万亿元人民币，同比上升62.6%。上述两项数据指标均创历史新高，见图1－3和表1－2。2015—2017年，在“双创”大发展和“供给侧改革”的推动下，国内优质可投资产不断涌现，大批民营VC/PE机构、国资机构、金融机构、战略投资者等纷纷参与股权投资，为股权投资市场注入了活力，同时，行业竞争也日益激烈。

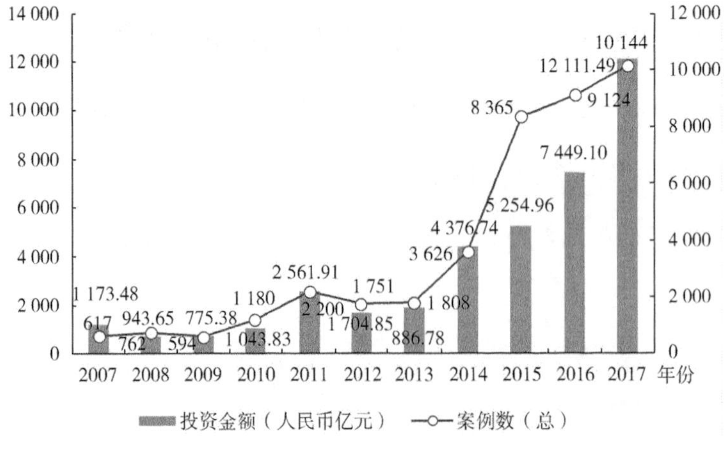

图1－3　2007—2017年中国股权投资市场投资情况分析

表 1－2　2007—2017 年中国股权投资市场投资情况分析

年度	投资金额(人民币亿元)	变化率	案例数(总)	变化率
2007	1 173.48	1.9%	617	36.2%
2008	943.65	－19.6%	762	23.5%
2009	775.38	－17.8%	594	－22.0%
2010	1 043.83	34.6%	1 180	98.7%
2011	2 561.91	145.4%	2 200	86.4%
2012	1 704.85	－33.5%	1 751	－20.4%
2013	1 886.78	10.7%	1 808	3.3%
2014	4 376.74	132.0%	3 626	100.6%
2015	5 254.96	20.1%	8 365	130.7%
2016	7 449.10	41.8%	9 124	9.1%
2017	12 111.49	62.6%	10 144	11.2%

来源：私募通 2018.01　　www.pedata.cn

1.4　退出情况分析

2017 年，中国股权投资市场退出案例数虽同比下降 29.7%，但退出方式明显改善。2017 年，中国股权投资市场共发生退出案例 3 409 笔①，比 2016 年减少 1 438 笔，同比下降 29.7%（表 1－3 和图 1－4），主要原因在于新三板挂牌退出的减少。从退出方式上看，2017 年，中国股权投资市场 IPO 退出取代新三板成为最重要的退出方式，共发生 1 069 笔，是 2016 年的 1.96 倍，占比 31.4%；其次是新三板挂牌退出，共发生 824 笔，同比下降近 8 成，退出方式明显改善（参见表 1－4）。经过 2014 年 IPO 重启和 2015 年股灾，中国 A 股 IPO 逐渐常态化。2017 年，境内外上市总数量达到 504 家，沪深两市新增 IPO 总数量 438 家，2017 年保持了每季度发审速度百家以上的态势，为股权投资机构大量在管项目退出提供了便利，VC/PE 机构也迎来 IPO 退出高峰期。

① 1 笔退出交易指 1 支基金从一家被投企业退出，如 N 支基金从 1 家企业退出，则记为 N 笔。

表 1－3　2007—2017 年中国股权投资市场退出情况比较

年度	退出交易笔数	变化率	年度	退出交易笔数	变化率
2007	236	53.2%	2013	458	8.3%
2008	159	－32.6%	2014	830	81.2%
2009	203	27.7%	2015	3 774	354.7%
2010	555	173.4%	2016	4 847	28.4%
2011	606	9.2%	2017	3 409	－29.7%
2012	423	－30.2%			

来源：私募通 2018.01　　www.pedata.cn

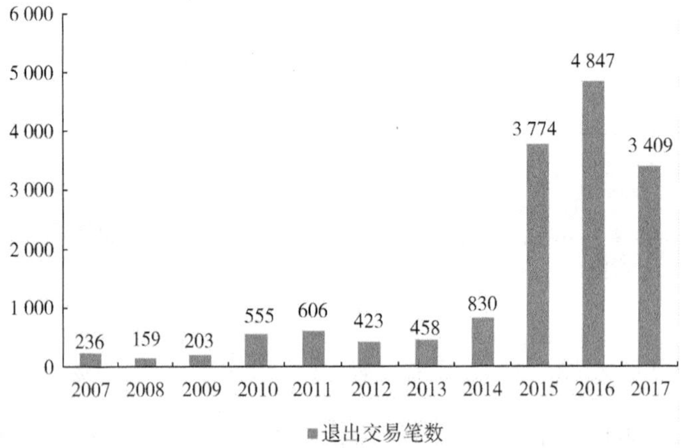

图 1－4　2007—2017 年中国股权投资市场退出情况比较

表 1－4　2017 年中国股权投资市场退出方式分布

退出方式	退出交易笔数	比例	退出方式	退出交易笔数	比例
IPO	1 069	31.4%	借壳上市	22	0.6%
新三板	824	24.2%	回购	18	0.5%
股权转让	756	22.2%	清算	16	0.5%
并购	451	13.2%	未披露	45	1.3%
管理层收购	107	3.1%	合计	3 409	100.0%
其他	101	3.0%			

来源：私募通 2018.01　　www.pedata.cn

2　2017 年北京股权投资市场发展概况

根据《2018 年北京市政府工作报告》，过去 5 年来，北京地区在推动首都现代化建设方面取得了重大进展，主要体现在城市发展深刻转型、京津冀协同发展取得阶段性成效、科技创新能力和经济发展质量稳步提升、改革开放取得新突破、"大城市病"治理力度显著加大和人民生活持续改善 6 个方面。从具体数据来看，2017 年，北京地区生产总值年均增长 7.1%，达到 2.8 万亿元；一般公共预算收入年均增长 10.4%，达到 5 430.8 亿元；第三产业比重达到 80.6%；全市居民人均可支配收入达到 5.7 万元，同比实际增长 6.9%。2017 年是北京市"十三五"规划的关键一年，北京市股权投资市场也实现了新的突破，从募资、投资和退出各项指标来看，北京市股权投资市场发展状态平稳。

2.1　2017 年北京股权投资市场规模概览

中国基金业协会私募登记备案统计，截至 2017 年年底，中国基金业协会登记私募基金管理人 2.24 万家，同比增长 28.8%；已备案私募基金 6.64 万支，同比增长 42.8%；管理基金规模 11.10 万亿元，同比增长 40.7%。其中，私募股权、创业投资基金管理人 1.32 万家，管理正在运作的基金 2.85 万支，管理基金规模 7.09 万亿元，涨幅平稳。

根据中国基金业协会登记数据统计，登记日期截至 2017 年年底，在北京市注册的投资机构已有2 562家登记成为私募股权、创业投资基金管理人，占该类型基金管理人登记总数的19.7%，紧随广东省，位居全国第二。

近两年成立的北京市私募股权、创业投资基金管理人登记数量同比下降明显。中国基金业协会登记数据显示，截至2017年年底，不同时间成立的北京注册投资机构在中国基金业协会登记数量差异较大。具体来看，2010—2015年北京市新注册成立的股权投资机构在中国基金业协会登记新增数量逐年增加，同比增长率波动较大（见图2－1）。除2012年和2013年北京市新注册成立的私募股权、创业投资基金管理人登记数同比增长约为6%，其他年份同比增长超过50%。2016—2017年，北京市新注册成立且在中国基金业协会登记为私募股权、创业投资基金管理人的新增数量逐年减少，同比下降明显，降幅超过60%。

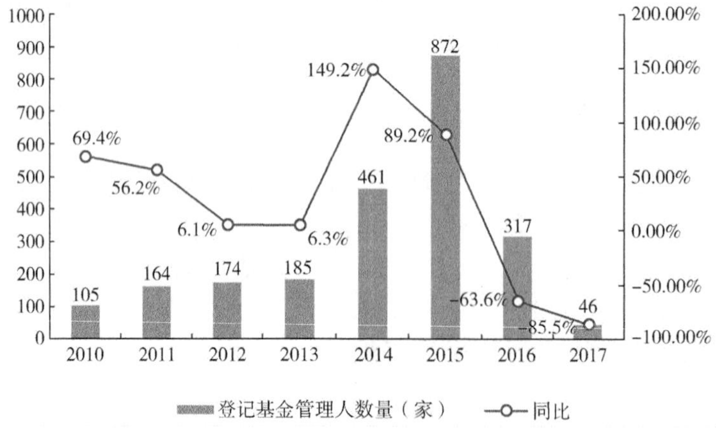

图2－1 2010—2017年北京市新注册的股权投资机构在中国基金业协会登记情况

近两年在北京市注册且在中国基金业协会登记的私募股权、创业投资基金管理人占比越来越小，与排名第一的广东省差距越来越大。据中国基金业协会登记数据统计，近5年在北京市新注册且已在中国基金业协会登记的股权投资基金管理人数量占比呈现下降趋势，占比已从2014年最高峰的23.9%下降到2017年的

4.6%。同时,广东省和浙江省新注册的基金管理人占比较大,其中,广东省注册的私募股权、创业投资基金管理人登记数量最多,一直位居全国首位;浙江省注册的登记机构数量占比增长速度较快,从 2014 年的 18.7% 上升至 2017 年的 29.2%。参见图 2－2。

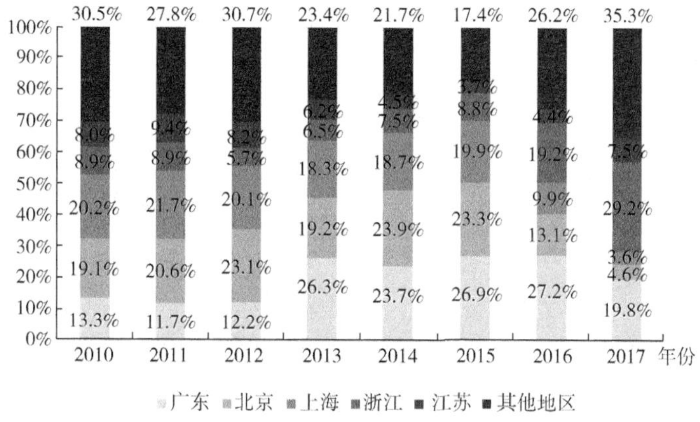

图 2－2　2010—2017 年各地新注册的股权投资机构在中国基金业协会的登记情况

2.2　2017 年北京地区股权投资基金募集情况

募资方面,2017 年,北京市股权投资机构新募基金 999 支,同比上升 22.7%;募集金额高达 5 520.59 亿元人民币,同比上升 20.5%(表 2－1)。北京市是中国的文化和政治中心,众多知名机构聚集于此,如红杉资本中国基金、IDG 资本、鼎晖投资、九鼎投资,拉高了北京市股权投资机构的募资总量。北京地区知名大机构频繁募集,且基金规模超大。2017 年,北京市股权投资机构新募基金规模超过 30 亿的基金有 38 支,数量仅占北京市新募基金数的 3.8%,但募资总额高达 2 641.00 亿元人民币,占整个北京市募集金额的 47.8%,募资两极分化严重。

表 2－1　2010—2017 年北京市股权投资募资总量同比比较

年份	新募基金数	增长率	募资总额（亿元人民币）	增长率
2010	29	—	444. 59	—
2011	221	662. 1%	1722. 85	287. 5%
2012	204	－7. 7%	943. 81	－45. 2%
2013	170	－16. 7%	475. 45	－49. 6%
2014	214	25. 9%	2 086. 84	338. 7%
2015	615	187. 4%	2 280. 09	9. 3%
2016	814	32. 4%	4 581. 48	100. 9%
2017	999	22. 7%	5 520. 59	20. 5%

来源：私募通 2018. 01　　www. pedata. com

从募资币种看，人民币基金募资占比超九成，相对优势十分显著。人民币基金新募集共有 966 支，占比 96. 7%；募集规模共计4 737. 93 亿元人民币，占募集总额的 85. 8%。外币基金新募集基金有 33 支，仅占募集基金总数的 3. 3%；募集规模共计 782. 66 亿元人民币，占募集总额的 14. 2%。

2. 3　2017 年北京地区投资情况分析

（1）北京地区股权投资规模位居全国首位。2017 年，北京地区共发生股权投资案例 2 951 起，投资金额共计 4 867. 79 亿元，较 2016 年分别同比上升 3. 1% 和 95. 2%（见表 2－2 和图 2－3）。从全国范围来看，2017 年，北京地区投资案例数和投资金额均位居全国首位，投资案例数占比 29. 1%；投资金额占比扩大到 40. 2%，上升近 7 个百分点。

表 2－2　2010—2017 年北京市股权投资市场投资总量的同比比较

时间	总案例数(起)	变化率	总投资金额（亿元人民币）	变化率
2010 年	259	—	248. 30	—
2011 年	473	82. 6%	690. 06	177. 9%
2012 年	360	－23. 9%	311. 39	－54. 9%
2013 年	504	40. 0%	611. 06	96. 2%
2014 年	871	72. 8%	1 729. 65	183. 1%
2015 年	2 596	198. 0%	1 464. 97	－15. 3%
2016 年	2 863	10. 3%	2 493. 38	70. 2%
2017 年	2 951	3. 1%	4 867. 79	95. 2%

来源：私募通 2018. 01　　www. pedata. cn

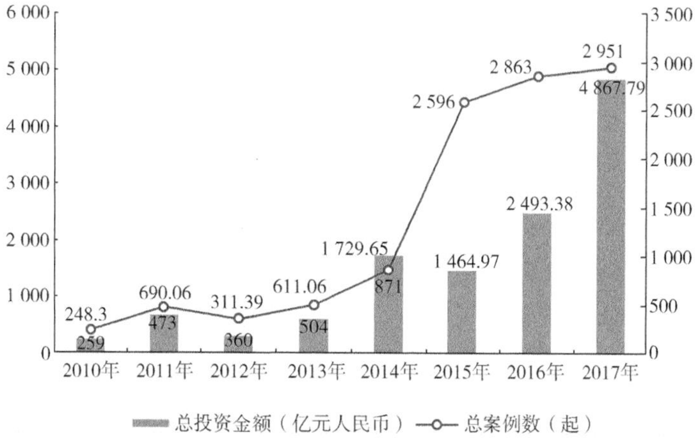

图 2－3　2010—2017 年北京市股权投资市场整体投资情况

(2)IT 行业再掀融资高峰，AI 等高科技备受资本青睐。从细分领域分析，北京市 IT 行业融资最活跃，共发生 668 起投资事件，融资案例数超过互联网行业，位居全市第一；融资规模高达 335. 27 亿元人民币，位居全市第四(见表 2－3)。从全国 IT 行业融资情况看，北京市 IT 融资案例数和融资规模均位居全国首位。这表明了北京市 IT 企业强劲的吸金能力，同时也证明了北京市 IT 企业的竞争力。从 IT 行业内部看，融资企业细分领域发生重大变化，主要以 AI 为代表的新 IT 企业为主，例如，仓储机器人公司 Geek + 完成了 6 000 万美元的 B 轮融资，云计算综合解决方案提供商青云 QingCloud 完成了 10. 8 亿元人民币的 D 轮融资。

表 2 –3 2017 年北京市股权投资行业分布

行业	投资案例数(总)	投资案例数(金)	投资金额(亿元人民币)
IT	668	615	335. 27
互联网	662	614	723. 25
娱乐传媒	380	349	116. 22
生物技术/医疗健康	239	233	154. 84
电信及增值业务	216	199	964. 96
金融	183	168	305. 53
教育与培训	143	130	41. 40
机械制造	70	67	102. 98
电子及光电设备	66	63	1 540. 11
连锁及零售	59	53	30. 51
汽车	46	40	78. 64
清洁技术	38	36	43. 59
房地产	35	29	97. 12
物流	19	18	26. 25
纺织及服装	11	7	11. 42
食品 & 饮料	9	6	0. 61
能源及矿产	7	6	75. 02
化工原料及加工	6	6	34. 46
建筑/工程	6	6	97. 49
农/林/牧/渔	6	6	1. 04
半导体	4	4	7. 79
广播电视及数字电视	1	1	0. 30
其他	71	66	78. 32
未披露	6	6	0. 68
总计	2 951	2 728	4 867. 79

来源：私募通 2018. 01 www. pedata. cn

(3)北京地区股权投资主要聚焦战略新兴和文化创意产业。从投资行业看,北京地区股权投资仍然主要集中在战略性新兴产业、文化创意产业等领域。具体而言,2017 年,北京地区战略性新兴产业领域有 2 188 家企业获得股权投资基金支持,占本市投资案例总数的 74. 1% ,投资金额 4 094. 35 亿元人民币,占本市股权投资总金额的 84. 1% ;从全国范围来看,北京地区战略性新兴产业股权投资案例数占全国战略性新兴产业占比为 29. 3% ,金额占比为 46. 4% 。此外,2017 年北京地区有 380 家文化创意企业获得了股权投资基金的支持,披露投资金额 116. 22 亿元人民币,投资案例数和金额分别占全国文化创意企业的 43. 9% 和 41. 3% 。

(4)互联网企业频频“出手”,产业加速整合。北京市作为全国政治中心、文化中心、国际交流中心和科技创新中心,其经济实力一直不容小觑,众多优质企业集聚于此。这些企业通过投资、并购和战略合作等方式,围绕核心产业进行外围布局,最典型的投资股权市场的方式是作为战略投资者参股其产业链上的企业。根据清科研究中心数据统计,总部位于北京地区的战略投资者投资有 223 起,披露投资金额 1 406. 58 亿元人民币,在全国战略投资者投资案例数和投资金额的占比接近四成。其中,互联网企业投资的案例超过 1/3。北京市是互联网企业孕育的“摇篮”,如已经上市的百度、新浪、途牛、搜狗等老牌互联网企业,还有新起之秀——滴滴、新美大和摩拜等。在“互联网 + ”和消费升级的背景下,北京地区互联网企业通过战略投资,加紧对产业进行布局。如京东 2017 年投资国内有 15 起案例,披露投资金额超 50 亿元人民币。其中最典型的是京东参与中国联通的私有化,此次投资使人们对京东在资本和战略层面都有巨大的想象空间。另外,新兴互联网企业滴滴、摩拜、ofo 等也通过战略合作扩张业务版图,探索“1 + N 模式”的发展新路径。

(5)大额融资事件频发,资金头部效应明显。2017 年,北京市融资金额超过 20 亿元人民币的企业有 36 家,融资总金额高达 3 306. 98 亿,占全市融资总金额的

67.9%，滴滴出行、新美大、紫光集团、摩拜、今日头条、链家等头部企业占据绝大多数资源。其原因主要在于，一方面股权投资机构募集大量资金，另一方创业企业虽然数量众多，但项目质量堪忧，优质标的不多，导致VC/PE机构的资金向头部企业聚集。另外，2017年度AI概念企业融资金额大增，如商汤科技、face++等的融资金额也超过20亿元人民币。

2.4 2017年北京地区股权投资机构退出情况分析

2017年，北京地区股权投资市场共发生了601笔股权投资退出交易，同比下降40.1%。其中，股权转让退出197笔，新三板退出170笔，IPO退出102笔，并购退出71笔（见图2-4）。剔除新三板挂牌退出的影响，2017年，北京市共发生431笔退出，是2016年的1.4倍。

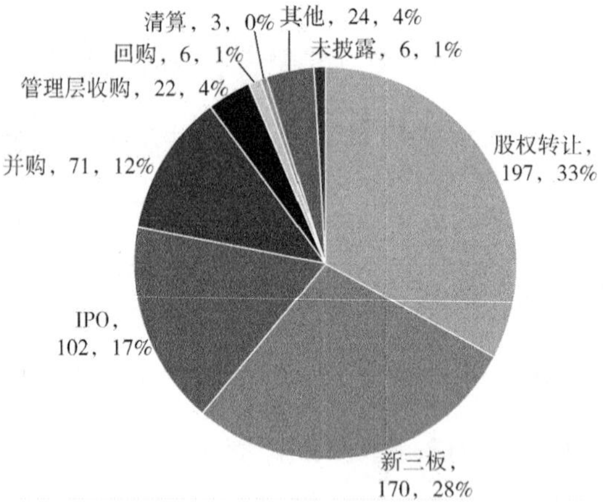

图2-4 2017年北京地区股权投资市场退出方式分布（按退出案例数，笔）

（1）新三板退出降幅明显，同比下降75.3%。与2016年全年数据相比，北京地区退出案例数下降了40.1%，主要原因是新三板退出的急剧减少。2016年，北京地区新三板挂牌退出案例数是687笔，而2017年仅有170笔，同比下降75.3%。新三板退出的减少主要原因在于新三板挂牌企业的减少。2017 年,北京地区新增新三板挂牌企业仅有 63 家,远低于 2016 年的 723 家。

(2)退出渠道明显改善,IPO 和股权转让退出增幅明显。2017 年,北京地区股权投资市场退出案例数虽然同比下降了 40.1%,但退出方式明显优化。从退出方式看,2017 年,北京地区股权投资市场新三板退出降幅高达 75.3%,股权转让和 IPO 退出分别发生 197 笔和 102 笔,同比增幅高达 65.5% 和 25.9%(表 2-4)。从流动性和变现方面看,北京地区退出渠道明显改善。但从全国范围看,2017 年,北京地区 IPO 退出案例数占比不高,仅位居全国第五,前四位分别是浙江、江苏、上海和深圳,这四个地区 IPO 退出案例数分别是 163 笔、156 笔、105 笔和 104 笔(见图 2-5)。

表 2-4　2010—2017 年北京地区股权投资市场 IPO 情况分析

时间	IPO 退出案例数(笔)	同比	时间	IPO 退出案例数(笔)	同比
2010 年	116	—	2014 年	124	327.6%
2011 年	85	-26.7%	2015 年	100	-19.4%
2012 年	48	-43.5%	2016 年	74	-26.0%
2013 年	29	-39.6%	2017 年	102	25.9%

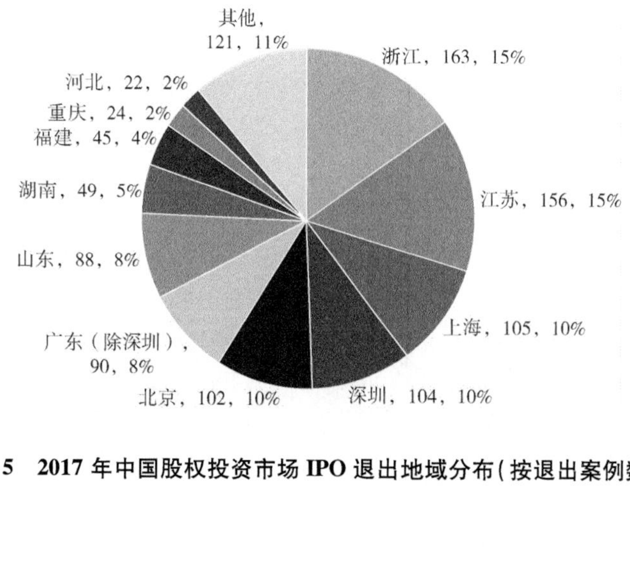

图 2-5　2017 年中国股权投资市场 IPO 退出地域分布(按退出案例数,笔)

第 三 部 分

第九届全球 PE 北京论坛精彩观点

发展股权投资基金,助力实体经济

中国股权投资基金协会会长　邵秉仁

本次论坛①的主题是 PE 要服务于实体经济。一是贯彻十九大的精神,二是 PE 自身的特点和现状的要求。

刚刚结束的十九大报告指出,中国特色社会主义进入了新时代,经过近 40 年的改革开放,国力增强了,人民生活富裕了,但新的社会矛盾也在积累,有些矛盾相当尖锐。因此,十九大报告说,我国主要矛盾已经转化为人民日益增长的美好生活需要和不平衡不充分发展之间的矛盾。我理解,不平衡不充分是绝对的,每个发展阶段都存在不平衡和不充分。永远在路上。现阶段的不平衡包括地区之间发展的不平衡、城乡之间发展的不平衡、产业之间的不平衡以及贫富不平衡等。解决这些不平衡需要长期艰苦的努力,关键是要全面深化改革,通过改革破解深层次矛盾。如果说之前的改革是以效率优先、兼顾公平为原则,那么,新时代的改革必须以解决社会公平、收入均衡为优先原则。为此,十九大报告提出了多项要求,其中对金融领域的要求是“深化金融体制改革,增强金融服务实体经济能力,提高直接融资比重,促进多层次资本市场健康发展”。这几点要求均与股权投资行业息息相关。股权投资是一种直接融资手段,是服务实体经济的重要方式,也是多层次资本市场的组成部分。十九大报告为股权投资行业提供了良好的发展契机。

近几年股权投资基金发展迅速。根据中基协的数据,截止到 2017 年 9 月,备案登记的私募股权、创业投资基金管理人 12 352 家,管理的基金 26 107 支,管理基金规模 6.48 万亿元人民币,较 2016 年年底增长了近 1.8 万亿元人民币。随着市

① 第九届全球 PE 北京论坛于 2017 年 12 月 2 日在北京召开。

场规模的不断扩大，市场参与者越来越多，市场竞争激烈，优胜劣汰效应越来越显著。投资机构向着投资阶段细分、行业细分的专业化方向发展，规模越做越大，这是很可喜的。但是从投向上看，股权投资基金助力实体经济的作用并没有得到很好体现。数据显示，2016 年全年，中国股权投资市场投资案例中，投资金额排名前两位的行业分别是互联网和金融，真正投入实体经济中如制造、电子及光电设备等行业的资金，仅占到总投资金额的约 1/3。

过去两年，实体经济中的许多传统产业正处于去产能、转型、升级的过程中，如钢铁、煤炭、水泥等行业，短期依靠行政手段降低供给改善供求关系，长期还是要依靠市场的力量，通过产业转型升级增强市场竞争力，形成新的经济增长点。这个过程中的技术升级和创新等蕴藏了大量的股权投资机遇。但这两年股权投资行业的资金更多地流向了虚拟经济，这与股权投资主要应投到中小企业实体经济的初衷是不相符的。

近几年，在信息技术的推动下出现了众多的金融创新产品，如各种虚拟货币、余额宝等互联网金融产品及 P2P、PPP、银行理财等。金融创新使金融产品多样化，采用新技术使金融资产更具流动性，同时也带来了新的金融风险，比如，银行理财、非银行金融机构贷款产品和民间借贷等“影子银行”问题。“影子银行”不受监管，资金流向隐蔽，长期游离于银行监管体系之外。尤其是银行低息吸入资金，但并没有把这些资金投入实体经济当中，而是把大量资金投入理财产品等这些“影子银行”中加杠杆，加剧了金融泡沫和金融风险。

“互联网 +”是近两年吸引投资和创业的热门领域。但加什么，要有个正确方向，如果主要加到服务业，可以改变我们的生活方式，但提升不了经济发展质量。如果过度热捧互联网和资金倾斜，必然严重冲击实体经济，剥夺了大量就业机会。电商的迅速兴起就是例证。大量的实体店是互联网服务的主要对象，也是吸纳劳动力的载体之一。电商的发展是以市场诚信为基础的，在社会诚信普遍缺失情况下过度发展，又会产生新的问题。“双十一”疯狂购物的背后存在大量的虚假价格，欺骗消费者。而且，互联网中的大量娱乐项目影响着年轻人的价值观、人生观和世界观，当下许多年轻人沉迷游戏，三观不正，是道德风气恶化的集中反映。

虚拟经济是为实体经济服务的。我们希望互联网更多地服务实体经济。什么时候实体经济实现了全面数字化，我们国家的经济转型和产业升级也就实现了。

2015 年以来，股权投资行业还有一个显著的变化，即国有资本的大举进入，并逐渐占据市场半壁江山。2016 年年底，政府引导基金的规模已达到 3 万亿。政府投资的引导基金应重在引导，并不是套利。因为政府财政资金的本质应该是公共服务。财政和税收要更多地用于保障和改善民生，加大二次分配的调节力度，坚定不移地走共同富裕道路，落实十九大提出的解决发展不平衡的要求。政府财政资金的公共服务性质和股权投资基金本身的逐利性本身就是矛盾的。地方政府利用透支政府信用的方式成立政府引导基金，在体制上、机制上难以通过市场化的方式去最大效率地配置资源，不仅妨碍了市场公平有效竞争，难以最大化发挥市场的作用，而且极易发生投资损失风险。

股权投资是一种投资方式和投资手段，其功能主要是通过企业的融资和产权交易，达到提高企业的经营管理水平和资产优化配置的目的。因此，股权投资将资金投入实体经济中，才能发挥其最大作用。为此建议：

第一，把支持实体经济发展作为私募股权投资行业发展的首要目标。实体经济是国家基本的财富来源。股权投资是多层次资本市场的重要组成部分。在这方面，政府引导基金和国资背景的基金既然已经设立，就要起表率和引导作用，从而带动社会资本支持实体经济发展。

第二，助力创新。创新是发展的不竭动力。经过几代人的努力，我们在航天、高铁、大飞机、深海探测等领域有了国之重器。但整体上，在制造业以及新能源、新材料、生物技术等高新领域的创新能力远远不足；关键领域的关键技术，具有自主知识产权的很少；经济增长靠投资拉动的局面并没有改变。创新首先要解放思想，打破体制上的束缚和利益的藩篱；其次要有强大的资金支持。为此，资本必须助力创新，作为资本市场的重要力量，股权投资基金也是责无旁贷的。

第三，加强金融监管。当务之急是加强对银行业的监管，严格规范银行理财产品，防止影子银行等问题引发的金融风险和脱实向虚等情况继续发展。对证券业的监管要严厉打击虚假上市和操纵市场等违法行为，从长远改革方向来看，要创造条件，使证券监管机构与市场分离，即管办分离，IPO 由市场决定。虽然目前还不能取消行政审批，但要公开公正审批，杜绝腐败，再不要做那些所谓“IPO 扶贫”的虚功了，扎扎实实地监管好市场，更多地运用市场手段控制 IPO 节奏，促进实体经济和市场的健康发展。对私募股权投资行业，要区别其与证券基金的不同属性，坚持“行业自律为主、适度监管为辅”的监管原则，积极发挥行业协会的自律监管作用。金融监管体制改革要解决分业监管和混业经营现实的矛盾。

第四，政府要为股权投资行业创造良好的发展环境，为社会资本腾出更多的投资空间。要加快国有企业改革步伐，按十九大提出的要求，国资部门要由管企业转向管资本，国有企业应按现代企业制度的要求，大力发展混合所有制，打破行政性垄断，开放竞争领域市场，退出房地产市场，把有限的国企资金更多地用于发展实体经济和科技创新上。已建立的政府引导股权投资基金应以母基金形式投到子基金中去，把资金交给有市场信誉、优秀的基金管理团队，避免行政干预，充分发挥市场配置资源的作用。

谢谢大家！

促进私募股权健康发展、新金融规范发展、科技金融创新发展

北京市金融工作局党组书记、局长　霍学文

尊敬的邵秉仁、王忠民等各位领导，各位来宾，女士们先生们：

大家上午好！

欢迎各位出席本届全球 PE 北京论坛，我谨代表主办方之一北京市金融工作局对大家的到来和一直的支持表示衷心的感谢。

全球 PE 北京论坛已经成功地举办了 8 届，2008 年第一届论坛开始，中国股权投资机构当时只有 1 000 家左右，到今年第 9 届中基协①备案的股权投资基金机构就超过了万家，资金达到了 6 万多亿，注册的基金本身就达到了 2.1 万亿，这些已经成为支持中国实体经济增长的重要力量。中国股权投资基金行业也实现了质的飞跃，全球 PE 北京论坛作为国内外最具影响力的品牌论坛，见证了行业十多年发展，也经历了行业的风风雨雨，更将见证行业的加快发展。在座的各位很多都是老朋友，我们相互支持，一路前行，时间积累了财富，发展集聚了智慧。本届论坛的主题是发展、助力、创新，我们相聚在这里共同交流行业发展的主题，共同论证行业发展的问题，共同建构行业发展的未来，为首都经济社会发展建言献策。

党的十九大胜利闭幕，习近平总书记在十九大报告中明确提出，要“深化金融体制改革，增强金融服务实体经济能力，提高直接融资比重，促进多层次资本市场健康发展。健全金融监管体系，守住不发生金融风险的底线”。这是习近平新时代中国特色社会主义思想在金融领域的根本要求，是做好新时代金融工作的根本原则。围绕“服务实体经济、防控金融风险、深化金融改革”三大任务，首都金融发展深入推进并

① 全称中国证券投资基金业协会。后同。

取得积极成效，前三个季度全市金融实现增加值3 408亿，增长7.4%，金融业作为核心支柱产业对地区生产总值的贡献比重为17.4%，对经济增长的贡献率达到了19.5%，金融业完成一般公共预算650.9亿，对我市经济发展提供了有力支撑。

作为金融业的重要组成部分，股权投资基金通过投资最具创新和成长潜力的中小企业，使资本直接服务于实体经济，丰富了资本市场直接投融资体系，使金融体系真正从间接融资为主转向直接融资，已经连续8年直接融资超过了间接融资，这也为进一步推动大众创业、万众创新，促进科技成果转化提供了有力的支撑。国务院发布了《关于促进创业投资持续健康发展若干意见》，这是股权投资发展史上首个国家层面的重要文件，作为行业发展的纲领性文件，对天使投资、创业投资、股权投资的发展具有巨大的指导意义，促进了募、投、管、退各个环节的丰富与完善，带动了天使投资、创业投资、股权投资的热情。北京市紧扣创新驱动发展和大众创业、万众创新，大力推进股权投资服务体系建设。一是持续深化金融业空间布局，依托中关村三大科学城和经济技术开发区，打造创新驱动发展前沿阵地，大力发展科技金融创新。二是持续增加制度供给，出台投贷联动、利用外资试点等各项政策，推动设立行业协会、政府引导基金和创新创业功能区，优化行业发展环境。三是持续推进多层次资本市场健康发展，充分发挥主板、创业板、全国中小企业股份转让系统和区域性股权市场的功能，打造畅通的股权融资退出渠道。四是持续营造良好氛围，建立健全行业统计分析指标体系，提高监测预警能力，优化行业系统环境。五是大力提升服务水平，加强行业培训，提升中介服务机构的专业性，健全股权投资服务体系。

在系列政策措施的推动和激励下，北京地区创业投资股权投资行业蓬勃发展，制度环境不断优化，舆论环境不断向好，市场红利不断释放，新动能不断集聚，有力地促进了实体经济尤其是高新技术产业的发展。截至9月底，全国在中基协备案的私募股权投资机构超过了1.2万家，其中注册在北京市的有2 452家，机构数量和募集资金规模均居全国第一，前三个季度本市共发生投资案例 1 852 起，投资金额达到了 2 383 亿元，投资案例和投资金额分别占全国的 29% 和 41%，稳居全国首位；发生退出案例 318 笔，位居全国第一，其中，新三板挂牌退出 149 笔，IPO 退出 71 笔，并购退出 45 笔，股权转让退出 32 笔。北京市作为全国科技创新中心，正在向具有全球影响力的科技创新中心迈进，突出表现为 3 个新特征。第一个是投资主体多元化发展。在万众创新大众创业的大环境下，各方面资金加速积聚于股权投资行业，投贷联动市场启动，政府出资引导基金增多，都为股权投资行业的发展注入了活力。第二个是投资项目专业领域增多。创新创业领域已由过去的互联网、传统 IT 产业、创意设计拓展到专业前沿领域，尤其是自动驾驶、无人机、人工智能、移动交互等高科技前沿项目融资增加。第三个是助力产业结构调整。股权投资行业在北京市经济结构优化升级和实体经济发展中发挥了积极促进作用。前三个季度，超过 7 成的股权投资投向战略性新兴产业，文化创意产业获得的投资金额超过了全国的 6 成以上。

另外，我们也要清醒地看到，在股权投资行业重新获得繁荣发展机遇的同时，也存在一些风险隐患，包括投资估值过高、投资泡沫依然存在。我们最近也发现一些私募股权投资机构进入了 ICO 领域，还有一些私募股权投资机构进入了现金贷领域，从长远的发展来看，这些都是资本的误导和误投，我们希望在下一步互联网金融风险专项整治和规范化发展过程中，私募股权投资机构尽可能减少在这些不合乎常理、与金融发展方向不一致的领域和方向的投资。还有就是也存在很多非法集资的风险隐患，这类经济案件迷惑大、潜伏期长、涉案金额大，造成了极大的社会危害。

为进一步贯彻十九大精神和全国金融工作会议精神，促进北京私募股权投资行业健康发展、促进新金融业态规范发展、促进科技金融创新发展，我们按照国家互联网金融风险专项整治的要求，加大对互联网金融风险的专项整治，也包括了对私募股权投资行业的规范化。股权投资是一个基业长青的行业，必须把合规与风控作为生命线,要遵守职业道德,恪守行业底线,坚守私募原则,严格投资者适当管理。我们将推动建立行业信用体系,持续关注并监测行业动态,及时发现并监测预警行业风险,推动行业健康发展。

朋友们,走进新时代,开启新征程,股权投资行业将遇到更多的发展机遇,我们恳请各位业界同仁立足信用能力建设和专业能力建设,尽行业应有之力,一如既往地关心、支持、参与首都金融发展。我们将利用北京市建设国家科技创新中心的有利契机,加强政策集成,创新服务模式,优化专业服务,建立服务机制,拓展行业退出渠道,加强行业自律,为股权投资在北京的发展创造更加良好的环境。最后,预祝本次论坛取得圆满成功! 谢谢大家。

金融是现代经济的核心,是实体经济的血脉

北京市海淀区委副书记、区长 戴彬彬

尊敬的各位领导、各位来宾、朋友们:

大家上午好!

非常高兴参加第 9 届全球 PE 北京论坛,这也是该论坛连续第 6 次在海淀区举办。借此机会,我代表海淀区委、区政府,向出席论坛的各位领导、各位嘉宾和媒体界的朋友表示最诚挚的欢迎,向一直以来关心、支持海淀创新发展的有关部门、金融机构,特别是股权投资行业的朋友们表示衷心的感谢!

海淀区是中关村的发源地。一直以来,海淀区聚集了大量高品质的教育、科技、文化、人才等创新、创业不可或缺的资源,形成了优良的创新创业生态环境,已经成长为全球著名的创新发展高地。在这里,1977 年,召开了全国第一次区级层面的科学技术大会;1980 年,陈春先、纪世赢等人在中关村创办了我国第一家民营科技机构,逐步

发展形成了“中关村电子一条街”;1988 年,国务院批准成立中国第一个国家级高新区“北京市新技术产业开发试验区”;1999 年,经国务院同意,在这里成立了中关村海淀园;2009 年,这里成为我国第一个国家级自主创新示范区的核心区。目前,我们正按照中央和北京市委的决策部署,聚焦中关村科学城,加快建设全国科技创新中心核心区。40 年来,海淀努力挺立在全球科技革命和产业变革的时代潮头,肩负起国家科技体制改革“试验田”和战略性产业发展先行者的责任使命,在建设创新型国家的过程中发挥了卓有成效的引领示范作用。

各位朋友,在建设中国特色社会主义的伟大进程中,科技是第一生产力,人才是第一资源,而金融是现代经济的核心,是实体经济的血脉。海淀区科技金融特色鲜明,在全国独树一帜。近年来,海淀区在构建涵盖创新链、产业链、价值链和企业全生命周期的科技金融服务体系的过程中,进行了一系列的探索和创新,力求充分发挥金融服务人才创新创业、服务企业做大做强、服务实体经济的积极作用。我们探索推动直接融资、投贷联动等产品和服务创新,着力缓解中小微科技型企业的融资难题;我们大力发展股权投资市场,打造“海淀基金系”,为“独角兽”企业、领军企业插上腾飞的翅膀;我们积极打造并购资本中心、构建 IPO 企业金融服务体系,推动形成一批千亿级龙头企业;我们深入建设国家科技金融创新中心,聚集了 3 000 多家金融和投资机构,其中,股权投资管理机构近 700 家。海淀区作为全国创业投资和股权投资最集中的区域,股权投资机构数量、管理资本量和被投案例数一直位居全国前列。这也意味着,海淀区是全国股权投资业者活动最密集、最活跃,投资标的最具价值的区域,是在座各位展示人生情怀和才干、贡献于经济社会发展、实现人生价值的热土!

各位朋友,明者因时而变,知者随事而制。十九大开启了中国特色社会主义的新时代,开启了中华民族伟大复兴的新征程。海淀区委、区政府将按照中央和北京市委的工作要求,进一步深化简政放权、放管结合、优化服务改革,持续改善营商环境,继续巩固和发扬支持行业发展的政策环境优势、金融资本优势和科技资源优势，尽快形成“创新＋创业＋创投”的协同发展格局，扶持一批具有国际影响力和竞争力的创业投资品牌，推动有实力的股权投资机构跻身国际国内先进行列。

各位领导、各位来宾、朋友们，40年前，中关村开启并引领了我国科技体制改革的进程，一路走来，已经成长为全北京、全中国乃至全世界原始创新的策源地和自主创新的主阵地。新时代创新创业的长久进步在于政府、企业和社会等各个层面的推动，也在于技术、产业、资本的跨界融通。在此，我希望大家一如既往地支持海淀区的发展，也欢迎更多的企业和投资机构加入海淀区科技、金融创新发展事业中来，在实现企业价值、追逐梦想的同时，为海淀区建设全国科技创新中心核心区和中关村科学城，为北京建设国际一流的和谐宜居之都，贡献更大的力量！最后，预祝本次论坛圆满成功！谢谢大家！

股权投资助力实体经济，支持经济结构的改善和增长

中国证监会北京监管局党委书记、局长　王建平

尊敬的邵秉仁部长、王忠民主任、各位参会同仁，我的致辞在事先并没有安排，是方风雷会长强烈要求的，并且我作为监管者的角色也有责任借这个机会、借这个平台向各位同仁汇报下我们监管的情况，也希望能够与各位增加沟通。

北京是中国大陆PE、VC最活跃的地区，目前在基金协会备案的基金管理公司大约4 000家，管理12 000支产品，总管理2.5万亿元资产。行业大概有4万多名从业人员，大约占中国大陆所有行业指标的20%左右。但当前PE行业两极分化特别严重，以北京辖区为例，44家管理100亿元以上资金规模的机构管理着1.2万亿元资产，就是1%的机构管理着48%的资产。另外一个值得注意的数字是，2 800家机构

管理的资产规模都在 1 亿以下，也就是 56% 的管理人员管理了 2% 的资产。

在这种情况下，证监局的监管职责和方式一直在探索前行，甚至最初就是在行业争议中开始的。国际上对 PE 行业的监管也有不同的做法，有的采取“轻触式监管（Light Touch）”，或者是采取与持牌机构相同的监管方式。现在北京证监局的监管分为 5 个层面：

第一个是“全行业排查”。这个排查实际上解决了在中国基金业协会备案的企业在北京辖区的活跃情况和业务开展情况。我们用一个最土的方式，用 EMS 去给各个公司发放调查表，如果得到反馈，说明这个公司还存在，还在正常运转；如果没有反馈，要么就是自行关闭了，要么就是公司更换地址，搬走了。通过这种方式来了解总体的情况。

第二个就是“风险监管”。北京市金融工作局提供了舆情监控平台，通过“冒烟指数”监控有可能发生的风险或者违法违规现象，也利用中国基金业协会的机构和产品备案数据进行非现场分析。

第三个是有针对性的现场检查。我们每年会确立一些现场检查的重点，当然，检查 4 000 多家机构对我们来讲确实是一项很重的工作。

第四个是风险事件的处置，需要和市金融局建立协作机制。虽然这个行业以高度自律著称，但在行业起步之初仍存在一些风险事件。

第五个是投资者权益的维护。

这五点是我想跟大家分享的，当然，我们的监管职责和监管方式就我个人认为仍处在探索的过程中。在最近 3 年的监管中，我们看到了 PE 行业的一些问题，总体上来说，股权投资行业在支持中国的实体经济，在支持北京辖区的创新转型，对整个经济结构的改善和经济的增长都做出了很大的贡献。但另一方面，这也是一个鱼龙混杂的行业，就是有龙也有鱼。一是行业存在自融、自担、自投现象，即有一些股权投资机构和它的关联企业通过在体外设置资金池规避监管，将资金用于关联方的项目投资，也不向投资者披露信息，这样客户资金的投向就无法得到有效监控。二是明股实债仍大量的存在。三是非法集资现象时有发生。2014 年刚开始监管时面临的最大压力实际上是处置行业的非法集资。今年仍有 80 宗非法集资案例发生，对社会稳定造成风险。四是行业风控的差异，有一些小的公司或新创的公司缺乏最基本的风控能力。今年我们在检查中发现，过去一些比较热门的投资案例中，大量出现企业创始人使用个人信用作担保的现象，对业界来讲这种做法缺乏最基本的风控要求。五是北京辖区特有的现象，就是我刚才说的数据中没有包括的，北京还有 1 400 个管理人管理了 1.2 万亿资产，是注册在异地，比如说新疆、西藏、上海、深圳等，但是运营在北京。这是各地方的一些政策差异造成的，也确实带来了一些风险因素。

作为监管者，我对北京股权投资基金协会还是有一些期望，无论从监管力量的角度还是从监管方式的角度，都在探索过程当中。我也跟方会长沟通过。第一，我们希望协会能够提高代表性和影响力。因为北京现在备案的机构 4 000 多家，但协会的会员好像是 200 多家，跟整个辖区的数目是不太对称的。第二，继续加强业界的交流，像一年一度的全球 PE 北京论坛就是一个很好的平台，也对大家有所帮助。另外，协会也举办了很多的培训，希望这些方面可以做得更好。第三，探索投资者权益维护的一些方式。现在要求合格投资者来投资私募股权投资基金，我们觉得协会作为自律组织，有责任来探讨一些仲裁方式。第四个是我的诉求，实际上也是霍局长主要提出的诉求，就是希望大家发挥业界的影响和联系，推荐引导更多的境外 PE 机构在北京落地展业，霍局长和我会竭尽全力为大家做工作，谢谢大家。

国有企业后退一步,中国经济海阔天空

深圳创新发展研究院理事长　张思平

谢谢邵秉仁主任的邀请。邵主任是体改委的老领导,也是我们创新发展研究院的高级顾问。邵主任请我来全球 PE 论坛上做一个演讲,我盛情难却。我觉得 PE 和国有企业改革以及混合所有制改革有非常密切的关系,借这个机会我就讲一讲混合所有制改革和国有企业布局调整的有关问题。

什么是混合所有制改革?一般认为,国有资本控股的企业引进一些民营企业的资本,或者是国有企业之间相互合并,在此过程中实施一些员工持股计划以调动员工的积极性,这就是多数人理解的混合所有制改革。这个观念对不对?我觉得不能说错,但是不够全面,我认为混合所有制改革起码应该包括 3 个方面:

第一,宏观层面,混合所有制改革是建立和完善社会主义基本经济制度的主要途径。十八届三中全会《决定》[①]和这些年中央的一系列文件都提出我国的基本经济制度是公有制为主体,多种所有制共同发展,这是中国特色社会主义的重要支撑。因此,发展民营经济可以说是最宏观层面的混合所有制改革。如果没有民营经济的壮大和发展,国有企业去哪里找战略投资者?去跟谁混合?从全国来讲,国有企业在很多领域占据垄断地位,打破垄断,允许民营企业进入各个领域、各个行业,也是混合所有制改革。不能说只有国有企业引入民营资本才是混合所有制改革,比如说最近电信业中联通的改革,假如联通将股权整体转让给民营企业,或者是民营企业发挥新的作用,重新改造形成一个中国电信、中国联通、中国移动和其他的民营联合控股的电信企业,那就是更大范围的混合所有制改革了。

---

① 即《中共中央关于全面深化改革若干重大问题的决定》。

第二,中观层面,混合所有制改革是国有经济布局调整的一个基本手段。十九大报告中提出要"加快国有经济布局优化、结构调整、战略性调整",调整就是要有进有退。我们不能说进是混合所有制改革,退就不是,有进有退才是中观层次的混合所有制改革,特别是对供给侧改革来说,如果没有布局调整,供给侧改革是难以推进下去的。

第三,微观层面,混合所有制改革是完善国有企业机制、增强企业活力的有效方式。在关键领域的重要产业,国有控股引进其他的民营股东相互交叉持股,可以改善结构,增强企业活力。

我认为这3个层次都很重要,但当前最要紧的是国有经济布局的调整,这是混合所有制改革首要的、迫切的任务。2004年国资委成立以后,改变了过去国有企业管理所谓"九龙治水"的局面,由国资委行使管人、管事、管资产的职能,确定了政资分开、政企分开原则等,取得了很大的成绩。国有资本从几千亿增加到上万亿,获得了明显的发展。但是在改革中出现了一个突出的问题,就是国有经济的布局过广。目前在所有的竞争性行业领域,几乎都有国有企业的身影,造成了前一段时间的国进民退,大大挤占了民营企业的发展空间。由于国有资本的过度膨胀,造成大部分行业的产能过剩,负债过高,库存过大,杠杆过高,对国有经济的健康发展带来了严重影响,也是我国经济进入新常态的主要原因,也是供给侧结构改革的根本原因。

针对国有经济布局过广的问题,十八届三中全会明确提出国有企业要服从于国家战略,要更多布局在涉及国家安全的重要产业和关键点,同时中央提出供给侧改革是经济体制改革的主线。说实话,供给侧改革本身就是针对国有经济布局调整的改革。去产能主要是去国有企业的产能,随着国有企业改革的战线向纵深发展,国有企业已经退出了这个领域,根本不存在国有企业去产能问题;去杠杆主要也是降低国有企业的负债杠杆;去库存主要是解决国有企业内部的结构失衡;补短板要求国有企业也进行战略性改革。所以供给侧改革本质上是针对国有企业调整的改革。这几年国有企业改革取得了很大的成绩，中央针对布局调整也发布了相关文件，国务院国资委做了很多工作，但是总体来讲，这几年国有企业的布局是扩大了不是缩小了。因此在国有企业改革问题上，我认为应先进行国有企业调整，再进行混合所有制改革，混合所有制改革后再继续深化内部改革，这样的改革路线和改革布局才能够顺序清晰，有的放矢，纲举目张，事半功倍。

国有企业布局调整有进有退，但是要以退为先，退什么，我有 4 个方面建议：

第一类：处于煤炭、钢铁、建材、原材料等严重产能过剩的产业中的一大批“僵尸企业”，近期要加快退出，打突击战，不要再拖。

第二类：处于商业、物流、服务业、外贸、制造业等竞争激烈的领域的国有企业，总体上没有长期竞争优势，对这些领域，除了极少数已经做强、做优、做大的国有企业外，没有长期优势的企业原则上都应逐步调整退出。

第三类：目前暂时盈利水平不错，可以生存发展，但不符合国民经济整体发展战略，不符合企业长远发展方向的国有企业，也应该逐步退出。如房地产领域的国有企业，深圳房价十年涨了十倍，从 2005 年的 8 000 块钱每平方米涨到现在的 10 万每平方米，原因是多方面的，首先是政府推高房价，其次是国有企业大量涌入。2003 年，深圳在对国有企业布局进行调整时，没有留下几家房地产企业，但是这十多年来，一大批央属房地产企业，如中信地产、中海地产、保利地产纷纷进入深圳，深圳大部分地王都是被央企拿到，央企赚了几十亿、几百亿，带来的却是房价增长，给人民生活带来严重影响。我们还需不需要这么多国有企业继续推高房价？为什么国有企业就不能够多建一些保障房、廉租房、限价房？2008 年深圳推出了限价房，面向全社会招标，但没有一家国有企业去投标。国有企业应该承担起更多的社会责任。

第四类：经营风险大，国有企业内部动力机制和风险承受能力不适应的领域，比如,已经具有很大泡沫,并且具有系统性风险的金融领域的中小国有企业,以及需要巨额投入并且风险很大的高科技企业等,都应该逐步退出。

对于退出后的资本形态,应更多集中在公共领域的建设、国家重大战略性产业等。同时,国有资本应加大对公益性企业的投入,在提供公共服务方面做出更大的贡献,实现十九大报告提出的“加快国有经济布局优化、结构调整、战略性调整”目标。

可能有人会反对说,国有企业都退出来了,经济还怎么改善和发展?产业还能不能持续?深圳的实践绝对提供了一个很好的案例。2003年,按照中央的要求对国有企业做了大量退出工作,国企基本上从工业、商贸、建筑、流通、服务业退出,国有资本主要集中在城市基础设施建设和公共服务领域,保障城市的安全运营。十多年过去了,深圳发生了什么变化?正是因为国有企业退出工业、高科技、商贸物流、金融等领域,才成就了深圳全球现代制造业基地、高科技产业创新中心、亚太地区最重要的商贸物流中心和全国最重要的中心城市,诞生了一批如华为、腾讯、中国平安、顺丰、研祥等国际知名企业。对留下的国有企业,深圳市政府对它们进行了混合所有制改革,比如,巴士集团就引进了香港的九龙集团,同时市政府制定了特许经营条例。在此基础上,我们先后实施了法人治理结构改革和三项制度改革,让人员能进能出,干部能上能下。经过十多年的改革,深圳国有企业在这些领域真正实现了做优、做强、做大。深圳燃气集团是全国最好的燃气集团,深圳地铁是全世界最好的地铁,深圳公交是全国最好的公交,深圳水务是全国最好的水务,深圳机场是全国最好的机场,深圳港口是全世界最好的港口。我不反对国有企业,但国有企业一定要在恰当的领域发挥自己的作用。否则就像我们现在的天气一样,以国有企业为主的东北冰天雪地,以民营企业为主的深圳气候温暖,前天我还穿着衬衫。进入新常态以后,深圳的GDP增速基本上在10%左右,最低也在9%附近,深圳市政府没有搞去产能、去库存的任务。

因此我的结束语是,国有企业后退一步,中国经济海阔天空。

基金改变中国

原全国社保基金理事会副理事长　王忠民

尊敬的各位来宾,“第九届全球 PE 北京论坛”的主题是“发展、助力、创新”,所以我想从“三个改变”的方向和大家分享下我对这几个词的认识。第一个改变是基金改变中国,第二个改变是股权信用逻辑改变基金,第三个改变是母基金改变大基金。

一、基金改变中国

如果我们今天把视角投注在经济生活领域,每一个领域最丰富的公司形态、最深厚的经济收益和分享都基于基金。我们看三个方面:一是全球市值排行榜,不管是境外还是境内的上市公司,其背后的初始投资者一定是具有风险投资经验的一支或多支基金机构;二是中国的独角兽公司从数量很少到近几年占全球独角兽公司半数的高增长发展,全部是基于中国的美元或者人民币基金在其中进行风险投资或者天使投资促成的,所有独角兽公司并不是孤独地在战斗,而是众多的基金和独角兽公司一起共同努力而获得成功的;三是在中国只有通过基金的形态才可以把所有的风险分担到更多的所有者手中,才能把所有的机会分享到所有的投资者手中,基金在其中既分担了风险,又分享了收益,还分享了机会。如果从这三个层面还不足以看到基金改变了中国,那我们再从 GDP 的角度来看,所有的上市公司和未上市公司为 GDP 贡献了多少,它们背后的基金在促成这样一个 GDP 结构改善的贡献应该是巨大的。如果我们把 GDP 放到产业层面来看,今天的新兴产业即使细化到医疗健康产业里的心血管、体育产业中的长跑马拉松等,其背后都基于基金的投资,所以说小到行业中正在新起的细分行业,其背后大多是基于基金的投资才让细分行业变得庞大。

我们再看下产业问题。我们有专门的并购基金,可以帮助国内公司在境外找到相应的技术、品牌并引入国内与其并购整合。还有部分公司上市时遇到的问题，PE机构在IPO时能够协调解决，比如，有的上市公司存在的三类股东问题，在突然面临监管加强的情况下需要把公司放到有股权形式的基金中，改变股东结构才可以满足上市股权内在的穿透式监管要求。有趣的是，如果看一下前面我提到的全球市值排行榜和中国市值排行榜，一定是公司带着所有的基金投资方共同成长和盈利，很少发现在全球或中国的二级市场中已经有基金管理公司上市或即将成为上市公司，也就是说，基金管理公司的市值不可能出现在全球市值排行榜中，即使其所有投资项目的成功率较高时也转不到基金管理市值当中。基金的成功一定是投资了好的行业，投资了行业中不仅是风险的起点而且是IPO，甚至IPO过后的迭代等，你才可以称它为成功的基金。

如果从这些逻辑来看，从总量、行业、公司、单支基金的层面来看，基金改变公司，才促成了GDP的增长，才促成了行业，才促成了一级市场和二级市场。我们可以把宏观目标和基金连接一下，比如新动能、“三去一降一补”、创新。从新动能来看，现今所有的产业、产品和新技术的应用一定是在新公司创办过程之中，而这些新公司如果没有风险投资者（其中包括天使投资者）和他们一起分担风险并把一个理念或想法变为投资行为、变为盈利模式、变成可持续成长，那么创新就不是今天这样的格局，所以说新动能来自基金和创始人之间，创业者和投资者协同创造了现在的创新结果。我们再看一个宏观目标：杠杆。最近的例子，如果监管收紧了，之前所有的将非权益性资本全部导入权益性投资当中的方式行不通了，如果还规定在两年之内或更短时间内需要重新架构投资逻辑，那最好的办法就是找到一个以权益资本投资的基金来替代原来以理财和债券形式引入的投资者，只有找到这样的基金，才能够重组原有的投资结构，才可以让公司重新在权益逻辑中继续运行。要注意到，现在中国的理财资产管理规模是130万亿，如果其中相当部分是属于理财性质和债券性质，则需要重新组合。如果今天没有以股权基金的逻辑去回顾和接牌，我相信新的风险已经产生了，而且这个风险会是系统性的。

当前我们致力于去杠杆、去库存，最后一个去的逻辑就是让背后所有的东西金融化。金融化的东西在市场当中有一个科学准确的市场价格定位，这个价格定位的背后是卖方和买方，成功交易后便可以把背后的风险全部释放掉，把资源从低绩效使用者转到高效率和有能力的使用者手中，整个经济通过这样的金融股权交易行为再次配置。按照十九大精神，发展直接投资市场，一定是靠基金这种形式才可以穿透到直接投资中，发展多层次资本市场中新的层次和基础层次才有意义。前面的嘉宾都说了部分领域国有资本一定要退出，问题是国有资本的退出是直接退出成资金的形式，退到经济生活之外吗？我们发现只有国有资本退到股权形式中，只担当有限责任的部分，而不是担当无限责任的部分，才能找到根本所在。如果我们今天所有的宏观目标都可以通过基金来完成，又证明了今天的成就、发展都是因为基金，所有的问题因为基金便可以找到一条有效的解决途径，那我们可以归纳为一句话，基金改变中国。

二、股权信用逻辑改变基金

今天我们在投资过程中遇到的所有问题都可以归纳为基金投资的股权信用逻辑环节出现了偏离和偏差。国际上，基金领域当中最重要的两个法律是民商法和基金法。当我们回归到这两个法的时候，我们看到所有基金行业遇到的问题都是如何能够把基金的最大优势，也就是把所有的股权组合方式用基金的方式有机组合在一起，让每一种股权找到自己角色的定位，发挥自己角色定位下的作用，做到无限责任。我们发现现在出现的几个问题恰好是因为在股权的信用逻辑中稍微走偏了一些。PPP（Public - Private Partnership）突然之间铺天盖地而来，政府和民营资本组合在一起，用合伙的逻辑把国有和民营两种资本结合在一起，在其中所有国有资本最好的角色便是有限合伙人，所有担当无限责任的是普通合伙人，如果让国有资本担当无限责任的角色，试想一个基金的投资期至少8年时间，再加上回收期，那就有8～10年的时间，如果承担无限责任就意味着投给基金的钱和全部国有资本是有连带责任的，也就是说，如果亏空一点资产是需要国有资本和企业来承担责任的。从这个意义来说，国有资本在PPP当中必须是承担有限责任的，而不是承担无限责任，一旦承担了无限责任，就等于打下了无底黑洞。

我们再看130万亿的资管，包括银行资管、保险资管和其他各种资管，全社会的资源由于资金的分配已经变得多元化，我们用资管的形式把多元化的资源聚在一起，之后不管用什么样的借贷关系、理财关系，尽可能导入股权关系中使用，因为这样才可以价值最大化。如果直接可以做到使用股权关系而且还是金融的股权关系，金融机构本身就是做信用的，就可以把信用迅速放大，这时候如果一个层次关系不够就可以多做几个层次，这个就是今天理财把所有的资源圈套在股权关系中的根本逻辑。但是这个逻辑的背后是，你能否担当无限责任，特别是能否担当股权市场当中的合伙人法律和基金法中确定的那种每一个股东、每一个合伙人应该承担的责任，如果不能，那么你只能做一个固定收益的东西。在一个基金里面找不到承诺收益率的框架，你就只能在基金的行为之外，将被投企业进行资金的聚合。如果我们想利用基金本身做好事也可以穿透股权的信用逻辑，如果我们想让他做坏事并不担当最后的责任，也可以用经济信用还没有有效建立起来的逻辑上的设计。如果我们认可基金交易结构解决了多资本有机组合的逻辑，结果却因为我们的股权信用没有真正的穿透，没有真正的价值化，没有真正地被监管和在法律当中实施的时候，他就有可能不仅走弯路还会干一些设计巧妙的甚至更加隐蔽的这样那样的事情，恰好是这一点构成了我们今天基金当中存在的一些问题、一些场景，所以说改变股权信用逻辑和关系是今天改变基金的命脉所在。

三、母基金改变大基金

今天母基金是论坛的重要主题。社保基金实际上就是一支母基金。母基金在资产配置当中有一个类别——PE，正是因为可以投到这个领域当中，才给过去的社保基金资产回报率提供了强大的支持和可观的回报，这也带来了第三方面的一个逻辑，即母基金改变大基金。像社保这样的大基金如果不做母基金而是直接做普通基金，直接投到具体的项目当中去，那么，不仅不会产生较大市场影响，而且成本收益比不高。目前中国人口增加、老龄化程度逐渐加深，市场上除了社保基金还有其他的社会保障和其他的社会性需求，需要大量资金投资的时候一定要以母基金的方式，这样既满足了本身公司化的运营和公司化架构的要求，又满足了投资按照股权信用逻辑的要求，而且可以从众多基金中选择，把母基金分成无数个小基金，当每一个小基金都有竞争性、有比较性、有选择性的时候，这个投资的链条就短了。

再回到 PPP，很多国有大型企业已经成立基金，前面的第二个观点回答了国有资本可以做 LP，但不能做 GP，第三个观点回答的是国有资本只适合做母基金而不适合做基金。母基金可以选择更多的基金，可以把标的划分成小的，可以用动态的优胜劣汰的方式在更多小标的中选择和实施，所以说我们通过母基金可以以大代小，让小更市场化、让小更充分化、让小更竞争化，这个小的业态形式就是一种良性业态形式，而良性的业态形式在大的层面当中不是有一个母基金而是多个母基金。如果有这种比较方式的话，基金之间也有竞争的格局，那么行业的生态体系将得以保障。母基金不可以直接投项目，只可以做跟投，它的子基金投了什么它可以跟投来降低投资费用、降低管理费。有趣的是今天中国有庞大的国有资产、庞大的社会基金聚合大资金，更有趣的是今天市场性母基金已经开始诞生了。市场如果有足够的资金量可以聚合成母基金的时候，母基金生态本身就具有竞争性和比较性，可以促成非市场性的母基金也按照市场性的内部逻辑去做事情。

刚才我们看深圳的基础设施，与其说是国有资本的退出不如说是境内外力量和公司力量的聚合产生了公共基础设施的改变；而如果全由国有资本去做，一个股东一种逻辑已然不是今天的格局。如果母基金投到基金，基金再投到项目后母基金还可以跟投，当中相当于多了一个基金层次，此时我们发现，过去只在公司形态和个人合伙人形态中产生的SPV（Special Purpose Vehicle）拓展成为一个基金形态的SPV。

如果我们多一个层次而不产生交易费用、资本税收的费用，而只产生社会资本最佳组合、最佳分散和最佳穿透，母基金的时代一定会到来，基金改变中国，股权信用逻辑改变基金，母基金改变大基金，三个改变正在中国展现！谢谢大家。

中国创投距离硅谷只有一步之遥

协会第九届轮值主席　信中利资本集团创始人、董事长　汪潮涌

非常感谢风雷兄，我们认识超过25年，25年时间转瞬即逝，但是我们的心如少年，尤其是王忠民理事长激情澎湃、大气磅礴的演讲，真是让坐在下面的我心潮难平。作为股权投资行业的从业者，我觉得最重要的品质就是乐观、积极、坚持、百折不挠，刚才的几位领导，尤其是我们邵主席，已到白发苍苍的晚年，依然是充满家国情怀，所以我们从业人员必须要保持年轻进取的心态。大会安排我下个环节要做两件事，一是做十分钟左右的行业介绍，二是要代表协会发布2017年《中国母基金实践指引白皮书》。

在发布白皮书之前我想给大家做一个行业上的交流，这个PPT可能有的同仁们已经听过，我在亚布力论坛上讲过。在中国，创投行业的历史只不过短短20年，在这20年中，创投行业、PE行业最主要是投资早、中期的项目，我们中国的股权投资80%

以上都是做 Growth Capital，即成长期的资本，助力创业企业的成长。和 20 世纪 80 年代我在华尔街时所见到的风起云涌的 LBO（Leveraged Buyout）是完全不同的两种行业，因为中国过去不存在大规模的 Leveraged Buyout，这种杠杆的条件也是不存在的，而且中国改革开放第一代的创业者们很多还在位，控股权的转移使这种并购基金有一定的局限性。当然，跨界并购是近几年中国 PE 行业投资新的趋势，今天我主要分享创投行业的一些感悟。

创投行业最早是学习硅谷，我们 VC 的模式，GP－LP 的合作模式，A 轮、B 轮、C 轮投资的模式，我们给创业者提供的价值高于资本价值的理念，均来自硅谷。20 年过去了，我们看一下中美创投行业在高科技领域里面有什么样的相同点，有什么样的不同点。这里讲的高科技行业是以 IT 互联网为主，没有包括生命科技和高端制造。

我们看一下过去 10 年全球市值 20 强的变化。10 年前，在全球市值 20 强中，只有一家是 IT 互联网公司，那就是微软。能源、高端制造、银行、医药占据了这个榜单的大部分。5 年前我们看到这个榜单前 20 强中悄然出现了新的公司，像苹果、谷歌等，尤其是谷歌，是互联网新秀。那我们看看现在，5 年过去了，在全球市值最高的 20 强里面，IT 互联网公司占据了半壁江山，尤其是在前 10 强里面，互联网公司已经占到了七席。截至上个礼拜五，腾讯排在第五名。周一的时候，我和中国企业家俱乐部的几位理事在腾讯和马化腾交流。按照马化腾和腾讯高层给我们分享的未来公司的发展战略来推测，腾讯有可能在 5 年之内市值达到 1 万亿美金。因为腾讯不仅在社交广告、行业应用、互联网金融、微信支付等方面有优势，还有一个很重要的方面就是腾讯的投资。腾讯投资加上阿里、百度、京东等巨头，现在成为我们这个行业里面最强的一股力量，甚至是压倒性的力量。

现在在投资领域，大家都知道，要“傍大款”。我们要想投出独角兽，基本上绕不过BAT[1],这是这个行业的现状。

这个榜单上唯一20年不变的是巴菲特的公司Berkshire Hathaway,10年前进入20强,排在最后一名,五年前在第12名,现在在第7名,所以说做PE投资的同事们一定不要气馁,不要认为创造最大财富的是高科技的这帮企业家,做投资同样能够创造全球市值排行榜上的龙头企业,像Berkshire Hathaway,市值接近5 000亿美金。

刚才我们的王忠民理事长说到,我们每一家上市公司的背后,其实都有风投、PE的推动,跻身全球十大市值的中国两大高科技公司都是在我们眼皮子底下悄然长大。不到20年前,他们拿到了海外的风投。那个时候我记得,因为1999年我们信中利刚成立的时候,在国内踏破铁鞋都找不到一分钱的人民币基金愿意进入风投领域,那时全国仅有深创投、北风投等少数几家人民币风投机构,其他的全部是海外风投机构,而且海外的风投机构也不多,一只手就可以数过来。也就是在这个时候,我们错过了中国最好的互联网创业公司,BAT都是在这个年代诞生,我们有幸投到了百度,但是我们错过了腾讯,错过了阿里,因为我们资金不够,最后我们用仅有的从海外募集的美元基金投到了百度。那这意味着什么,意味着中国的互联网巨头们和我们人民币的投资人——风投也好,PE也好,二级市场的A股股民也好——没有半毛钱的关系。

中国的互联网公司,中概股海外上市,创造了一万多亿美元的市值,所有市值的成长以及他们今天上百亿、上千亿的利润都跟我们中国股民没有任何的关系。早期怪我们没有人民币基金投,后来怪我们的资本市场不接纳它们,所以它们只好远走海外。腾讯2004年上市的时候股价3块4毛钱,现在复权以后是2 000块钱,上市以后成长了650多倍,这650多倍秒杀了我们中国所有成长性最牛的A股公司,可是跟我们A股股民没有任何的关系。今天的腾讯占香港交易所成交量的12%,它的市值超

---

① BAT是中国三大互联网公司首字母的缩写,即B=百度,A=阿里巴巴,T=腾讯。

过香港 10 大家族所有上市公司市值的总和，它的市值是中国 A 股高科技公司前 20 强总和的两倍——中国的 A 股上市公司前 20 强加起来市值 2 700 亿美金，腾讯上礼拜市值超过了 5 000 亿美金。那我们看一下美国 IT 互联网公司的前 20 强，这些公司市值加起来接近 5 万亿美金。5 万亿美金什么概念，整个中国资本市场成立 25 年来，全部上市的公司的市值加在一起是 7 万亿美金。如果把美国的前 50 名高科技公司加在一起，会超过我们整个 A 股公司的市值，这里面前 2 强我只是统计了 IT 高科技公司，没有统计医药公司。在美国有 15 家医药生命科学公司市值超过 1 000 亿美金，那加起来更是 2 万多亿的市值，我们中国的医药行业中最大的公司只有 150 多亿美元的市值，这就是差距。

当然我们也很高兴，因为尽管上市地不在中国，尽管控股股东不在中国，但是这些互联网公司是我们中国的公司，是我们几亿剁手族、几亿低头族一分钱一分钱“喂”出来的。美国互联网公司和中国互联网公司在市值前 15 强里平分秋色，如果把雅虎掰开来看，它的市值其实有一部分来自持有阿里股份，所以这样来看，15 强里面有 8 家是中国的互联网公司。那中国的互联网公司和硅谷的互联网公司差异在哪儿？硅谷的互联网公司胜在商业模式的创新性、领先性，用户体验，技术含量，全球化。我们中国的互联网公司胜在海量的用户，本地化的用户痛点，以及由于文化差异带来的应用场景。比如，微信的红包瞬间可以让腾讯锁定几亿个银行账户，我的美国朋友都说 WeChat 比 WhatsApp 好用多了，所以这是我们中国互联网的优势。

展望未来，在互联网的下半场，我们看到中国互联网公司同样可以和硅谷分庭抗礼，比翼齐飞。在每一个细分领域里面，都有公司和他们抗衡，甚至超越他们。比如说共享单车就是超越硅谷的，今日头条在硅谷也找不到竞品。全球现在 450 个独角兽里面，我们中国的独角兽和美国差不多，一半一半。

中国的 A 股市场对高科技产业的支持，在过去确实有很多的问题，但是我们看到管理层提出了新的措施和政策。比如香港交易所、中国证监会等,都在用新的政策来留住中国高科技的发展价值,为国民创造投资性收益,为中国早日实现小康做贡献。过去高科技上半场的价值与我们擦肩而过,未来互联网、信息科技、人工智能、生命科学、高端服务业和制造业、文化产业、环保产业带来的收益,我们将共同分享,所以这就是我们未来的投资机会。

现在中国的风投不像20年以前那么弱小,我们目前的风投机构的投资数量、投资规模和硅谷只有一步之遥,我们投资的产业领域与硅谷非常相似,都在布局人工智能、机器人、无人机、移动互联网、企业应用、物联网、云计算、大数据、金融科技、网络安全等,这就是中国投资机构的机会!今天用短短的时间跟大家分享,以后有机会再进一步探讨。

我对中国股权投资母基金探索与发展的思考和实践

前海母基金首席执行合伙人　靳海涛

各位上午好,非常感谢方会长邀请我来讨论对母基金的体会,我的题目是"我对中国股权投资母基金探索与发展的思考和实践"。

首先,从全球的实践来看,股权投资母基金的角色和表现究竟是怎样的?历史已经证明,当VC/PE发展到一定程度时,会产生PE-FOF,这是一个趋势。从这些年的全球私募股权投资规模来看,母基金的管理总规模占比在38%~50%之间,也就是说,VC/PE基金的主要来源就是母基金。全球母基金最发达的地区是北美,北美占据了整个母基金募资规模的75%,欧洲也不错,中国刚刚兴起。为什么会产生母基金呢?其实就是VC/PE发展到一定阶段的产物。

我们看到市场中存在很多矛盾,中国也一样。一方面,我们有大量的基金管理人在这十年左右的时间里越来越成熟,越来越能看清楚谁管得好,谁管得差;另一方面社会孕育了大量的闲置或者比较闲置的资本在找出路。大量的需求其实也有共性,为什么它们之间的结合并不是很顺畅呢?其实这里面有两个原因:第一个原因,VC/PE行业信息比较复杂,透明度不高,辨别起来比较困难;第二个原因,它们还没有甄别基金的能力。所以一方面资金在闲置,另一方面基金管理人又找不到钱去投资。

另外谈到的趋势是,母基金的发展壮大是建立合格投资人队伍的一条必经之路。现在VC/PE的各种乱象其实就是缺乏投资人。如果投资人队伍建立起来了,这种乱象就可以消除。美国的VC/PE行业比较规范,主要是由于有大量的母基金、保险母基金、大学母基金、家族财富母基金以及政府母基金,这些母基金是合格的投资人,这些资金再投到VC和PE机构,所以这个行业是合格投资人主导的,当然发生的乱象也就比较少,也很少出现非法集资乱象。再者,母基金的商业模式是什么?我经常跟投资人讲,我说一个规范的股权投资基金,不管是VC还是PE,从商业模式来讲它们都是低风险、中高回报。它们跟传统金融行业最大的区别就是挣的是倍数,亏的只是本金,所以如果坚持分散的原则,VC/PE的投资风险就会降得很低,如果眼光很好,收益就比较高。

欧美到目前为止还没有发生一起母基金亏损的案例,所以如果这个行业都没有出现过亏损,你为什么要说它风险很高呢?我们对母基金的判断就是:极低风险,同时又有中高回报的商业模式。欧美的数据排名中,前1/4的母基金平均回报率(IRR)超过21%,这个数字在金融危机以后又有了一个提高,十年间平均回报率(IRR)为21%。欧美母基金的平均回报率其实挺高了,这个数据跑赢绝大多数的单支PE基金。VC/PE单支基金会出现风险,而母基金没有出现风险,所以它应该是风险更低、收益更高,这个是我的看法。

中国的现状是迫切需要股权投资母基金,刚才的报告中也提到了VC/PE基金至少有6 000家以上,但是这些活跃的VC/PE投资人是谁?大部分是民营企业,那这种LP结构的缺陷必然导致代理人和委托人之间信托关系的薄弱性,经常出现LP问题。我想VC/PE管理人最头疼的问题可能就是对付LP的问题,每天要花大量的精力处理不同的问题。当然这种结构规模也很难做大,所以说改善中国VC/PE行业的生态,提高行业的透明度,就要呼吁母基金的发展和壮大。只有大力发展母基金,我认为才能够从根本上推动行业发展,解决民间的非法集资乱象。从这个点来讲,中国的股权投资行业发展了将近20年,从2007年到现在有10年了,大量的VC/PE机构已经通过实践证实了它的特点、水平、素质,所以在这个时间点发展一批股权投资母基金的基本条件已经成熟了。

我们现在发展母基金的条件成熟了,设计起来是不是很容易呢?仍然是一个不太容易的事。《中国母基金实践指引白皮书》里提到,市场化的母基金有302支,我不是很清楚这302支都有哪些,有多少是已经募到资金了,或募到一定规模的资金了。如果资金规模过小,只能说是PE母基金的一种商业行为,如果你的母基金是一个未来希望达到的规模,但是实际上并没有募到那么多钱,那你这个数字就不一定是准确的。根据我的实践来看,中国母基金的总量还是很少的。为什么少啊?第一,募资难,募资非常难,VC/PE募资难,母基金募资同样难,规模大的母基金更难,因为对投资人来讲,他认为母基金看起来很简单,自己就可以做选择,为什么要把钱交给母基金GP去管理呢。比如,第一,母基金必须有较大的资金金额,否则达不到目的;第二,中国商业化的母基金没有数据。美国母基金的募资为什么容易呢,因为有数据。中国没有数据,没有数据给别人的感觉就是能不能管理母基金、能不能给我们带来中高回报具有不确定性。第三,母基金是投资基金,基金再去投资企业,这里面牵扯到双重收费问题。这意味着对投资人来讲增加了成本,增加了代价。第四,规模庞大的母基金如果流动性不好,也会降低母基金的出资。因为对规模小的基金,投资人可以通过期限错配实现流动性，但是对规模大的母基金，投资人进行期限错配很难，这个时候他就有流动性要求，如果流动性不好的话就不愿意给你投资。在中国成立母基金最难的是募资，主要是上述我说的 4 个方面原因造成的。

那问题就来了，我们说商业化母基金或者说市场化母基金的发展难题有哪些呢？我觉得有四点是要考虑的。第一点，要考虑如何实现合理收费，这是一个权益分配的问题；第二点，要考虑如何解决没有母基金运营经验和数据所导致的投资人的信任问题；第三点，要考虑如何解决投资人关心的流动性问题；第四点，要考虑如何吸引更多的 VC/PE 人才加盟母基金，壮大母基金队伍。这四个关键点是母基金商业模式中必须认真考虑的。

下面讲讲前海母基金的尝试。大家都知道我最早在全球策略投资基金任职，2004 年我到深创投当董事长，一直到 2015 年离任，我是中国最早做 VC 投资的。其实从 2005 年开始我也做了一些类似母基金的事，但是不能称为母基金。因为深创投从 2005 年探索在中国建设政府引导性创投基金，现在管理了 80 多支全国各地的基金，所以说有一些母基金的感觉。我在设计商业模式的时候，考虑到充分利用好现团队的优势。第一，既做过政府引导基金这类母基金业务的管理，我又是做直接投资出身的，业绩比较好，有一些社会影响。如果我的团队成员不是做直接投资出身，没有做过母基金管理的话，人家就很难相信。第二，要发展直接投资，吸引更多的 VC/PE 人才来壮大母基金的队伍。为什么这么说？因为国际上管理母基金的人大部分没有直接投资的经历。那要怎样吸引这些人才呢？你就要做直接投资业务。我当时在国际上做了交流和调研，研究为什么做直投的人不去做母基金，得到的结论是只有做直投才可以吸引人才，这些人认为我们还是有基础干一些母基金商业模式创新和探索的。而且我们认为做直投的人会做母基金，这样通过直投吸引人才。第三，要扩大直投比例，在国际上母基金是有直投的，而我们的母基金将直投比例扩大为 50%，因为我们的母基金不双重收费,如果直投比例过低的话,GP没有收入,零吃零喝,我就成雷锋同志了。第四,怎么解决流动性的问题。投资人投下去回报时间太长,所以我们在商业模式上设计了投资额里面必须配置一部分流动性好的债券和项目公司的定向增发。另外,我有跟LP的法律约定,我的资金处于闲置的时候可以理财,这个也是突破。那所有这些突破都必须坚持母基金的属性,母基金的属性就是投基金。所以说我的直接投资是选择性跟投,不是我自己牵头找项目投资,否则我就变成了一个混合体。我所有的直投业务都来源于基金的推荐,联合投资但是独立判断,所以我认为现阶段发展中国商业化母基金必须遵循的一些基本规律就是要以基金投资、跟投、基金推动项目为主,自我主动发现项目为辅,要坚持以管理基金为主,管理具体项目为辅。

下面看看我们这两年的实践。第一,因为前海母基金是2015年年底完成注册的,2016年年初计划募资100亿规模的商业化母基金,结果目前规模超过了280亿,且投资人结构比较好,来自银行、保险、政府和企业,每一个投资人的规模都比较大,大概平均一个LP的投资规模是6亿,因为我们的有限合伙是受合伙人上限50人的限制。所以说这个商业模式是成功的,得到投资人认可的。第二,前海母基金的实际运行状况不错,从去年初到现在,我们已经累计投出去145亿,包括38支基金。通过子基金加上我们的直投项目有450个,这个也是我们原来的策划,子基金和直投各占50%,投的效果也不错。我每年要做一个估值报告,这个估值报告是请中介机构做的,去年的估值报告基金净值提升了27%。我们有两个项目IPO上市挂牌,流动性也不错。所以说我今年10月份第一次分红,分红的金额还可以,这些分红完全来源于刚才我说的流动性投资。这样投资人对你的粘性更强,处理复杂LP的关系所花的精力就少了,愿意投我或者愿意以后继续支持我的LP就越来越多,这样就给在中国做母基金树立了一个比较好的商业模式,从而使这个行业获得发展。当然,我们现在做的事在未来不一定是对的,但是初期一定是对的,我们中国做的事一定跟西方不完全一样,但是基本规律应该是一样的,有差别的是具体的,这是我的体会。

另外我也有几个简单的建议,第一个建议是政府能够鼓励银行、保险、国有企业和上市公司投资极低风险的股权投资,成为母基金 LP 的主要构成。我认为将来这些是母基金主要的 LP,而不是个人和个别的民营企业。不能靠有一点小钱的民营企业作为母基金的 LP,我认为当前有几个问题:一个是对股权投资行业属性应该有正确的认识。我一直强调股权投资行业是实体经济属性的,看起来做的是金融的事儿,其实是实体的。我们全部投资实业,主要投资的是中小企业、创新型企业、初创期和成长期的企业。我们主要考虑企业的成长性和在不确定性中寻求创新,就是实体跟传统金融的结合。所以我认为,股权投资具有引导经济脱虚向实的作用,应该引起各级政府的重视。第二个是在准入税收方面给予公平待遇。并不是要求优惠,不公平待遇我们看到的太多太多了。所以说 VC/PE 并不能受到像传统金融行业一样的关怀,而我觉得政府的关怀还是非常重要的。第三个是解决穿透审查问题,这非常重要。一是对外资禁入领域投资,因为母基金的主要投资者是银行和保险公司,而银行、保险公司全有外资参股,因为国家禁止外资进入某些领域,所以只要一有母基金参与这些领域的投资就都找我们,这是我们碰到的一些非常头疼的问题。二是上市投资的审查。如果多支母基金投资一个基金,一个企业又有多个基金投资,它穿透到自然人股东一定超过了 200 人限制,所以我一直呼吁对母基金豁免穿透审查。三是如何让母基金互动更紧密。如果说基金之间还有竞争的话,那母基金之间完全没有竞争,只有合作。所以我觉得母基金之间应该更好地合作。目前来看,被动的合作挺多,主动的合作不够,我们呼吁政府和商业化母基金之间都需要更紧密的互动,我们呼吁政府和商业化母基金之间都需要更紧密的拥抱,这样可以减少出现各种各样的或者可能出现的怪现象、乱现象。谢谢大家!

第四部分

政策汇编

（2017年12月）

国务院关于促进外资增长若干措施的通知

(国发〔2017〕39号)

各省、自治区、直辖市人民政府,国务院各部委、各直属机构:

积极利用外资是我国对外开放战略的重要内容。当前经济全球化呈现新特点,我国利用外资面临新形势新任务。为深化供给侧结构性改革,推进简政放权、放管结合、优化服务改革,进一步提升我国外商投资环境法治化、国际化、便利化水平,促进外资增长,提高利用外资质量,现将有关事宜通知如下:

一、进一步减少外资准入限制

(一)全面实施准入前国民待遇加负面清单管理制度。尽快在全国推行自由贸易试验区试行过的外商投资负面清单,进一步增强投资环境的开放度、透明度、规范性。(国家发展改革委、商务部负责)

(二)进一步扩大市场准入对外开放范围。持续推进专用车和新能源汽车制造、船舶设计、支线和通用飞机维修、国际海上运输、铁路旅客运输、加油站、互联网上网服务营业场所、呼叫中心、演出经纪、银行业、证券业、保险业对外开放,明确对外开放时间表、路线图。(中央宣传部、中央网信办、国家发展改革委、工业和信息化部、交通运输部、商务部、文化部、人民银行、银监会、证监会、保监会、国家铁路局、中国民航局、中国铁路总公司按职责分工负责)

二、制定财税支持政策

(三)鼓励境外投资者持续扩大在华投资。对境外投资者从中国境内居民企业分配的利润直接投资于鼓励类投资项目,凡符合规定条件的,实行递延纳税政策,暂不征收预提所得税。(财政部、税务总局按职责分工负责)

(四)发挥外资对优化服务贸易结构的积极作用。将服务外包示范城市符合条件的技术先进型服务企业所得税优惠政策推广到全国，引导外资更多投向高技术、高附加值服务业。（财政部、商务部、税务总局等按职责分工负责）

（五）促进利用外资与对外投资相结合。对我国居民企业（包括跨国公司地区总部）分回国内符合条件的境外所得，研究出台相关税收支持政策。（财政部、税务总局按职责分工负责）

（六）鼓励跨国公司在华投资设立地区总部。支持各地依法依规出台包括资金支持在内的吸引跨国公司地区总部的政策措施，积极参与全球产业格局调整。（各省级人民政府负责）

（七）促进外资向西部地区和东北老工业基地转移。充分发挥现有财政资金作用，积极支持西部地区及东北老工业基地的国家级开发区（含经济技术开发区、高新技术产业开发区、海关特殊监管区域等，下同）科技创新、生态环保、公共服务等领域建设，改善招商环境，提升引资质量，承接高水平制造业转移。（科技部、财政部、商务部、海关总署按职责分工负责）

（八）支持重点引资平台基础设施和重大项目建设。鼓励省级人民政府发行地方政府债券支持国家级开发区、边境经济合作区、跨境经济合作区基础设施建设。加快试点发展项目收益与融资自求平衡的地方政府专项债券品种，优先保障上述区域符合条件的重大项目融资需求。（科技部、财政部、商务部、海关总署、各省级人民政府按职责分工负责）

三、完善国家级开发区综合投资环境

（九）充分赋予国家级开发区投资管理权限。支持国家级开发区开展相对集中行政许可权改革试点。指导国家级开发区进一步推进简政放权、放管结合、优化服务改革，在营造外商投资优良环境等方面发挥示范引领作用。（中央编办、科技部、商务部、海关总署、国务院法制办按职责分工负责）

(十)支持国家级开发区项目落地。允许各地在符合经济社会发展规划、土地利用总体规划、城市总体规划的前提下,对国家级开发区利用外资项目所需建设用地指标予以优先保障,做到应保尽保。(科技部、国土资源部、住房城乡建设部、商务部、海关总署、各省级人民政府按职责分工负责)

(十一)支持国家级开发区拓展引资空间。对符合条件的国家级开发区,经国务院批准后允许调区、扩区,整合区位相邻、相近的开发区,建立飞地园区,对收储的低效用地,相应提供规划调整、简化审批等便利。(科技部、国土资源部、住房城乡建设部、商务部、海关总署、各地方人民政府按职责分工负责)

(十二)支持国家级开发区提升产业配套服务能力。在条件成熟的地区,引进生产服务型外资企业,试点开展高技术、高附加值项目境内外维修业务,促进加工贸易向全球产业链、价值链中高端延伸。(商务部、海关总署负责)

四、便利人才出入境

(十三)完善外国人才引进制度。在全国实施外国人来华工作许可制度,采用"告知＋承诺""容缺受理"等方式,为外国人才办理工作许可提供便利。2018 年,制定出台外国人在中国工作管理条例,建立标准统一、程序规范的外国人才来华工作许可制度。(外交部、公安部、国务院法制办、国家外专局等按职责分工负责)

(十四)积极引进国际高端人才。2017 年下半年,制定出台外国人才签证实施细则,完善外国人才评价标准,扩大发放范围;放宽外国人才签证有效期限,对符合条件的外国人,签发长期(5 年至 10 年)多次往返签证,并可凭该签证办理工作许可、申请工作类居留证件。制定出台外国人永久居留管理条例,明确外国人申请和取得永久居留资格的条件和程序。(外交部、公安部、国务院法制办、国家外专局等按职责分工负责)

五、优化营商环境

(十五)抓紧完善外资法律体系。加快统一内外资法律法规,制定新的外资基础性法律。清理涉及外资的法律、法规、规章和政策性文件，推动限期废止或修订与国家对外开放大方向和大原则不符的法律法规或条款。（有关部门和各省级人民政府按职责分工负责）

（十六）提升外商投资服务水平。完善中央及地方外商投资企业投诉机制，协调解决境外投资者反映的突出问题，加大对外商投资企业享有准入后国民待遇的保障力度，努力营造统一开放、竞争有序的市场环境。建立行政事业性收费和政府性基金、政府定价的涉企经营服务性收费等涉企收费目录清单制度。（国家发展改革委、财政部、商务部等有关部门、各省级人民政府按职责分工负责）

（十七）保障境外投资者利润自由汇出。对于境外投资者在境内依法取得的利润、股息等投资收益，可依法以人民币或外汇自由汇出。（人民银行、国家外汇局按职责分工负责）

（十八）深化外商投资企业管理信息共享和业务协同。积极推进“互联网＋政务服务”，进一步完善“双随机、一公开”监管机制，构建高效便捷的外商投资事中事后监管与服务体系。加大商务部门与工商、海关、质检、外汇等部门之间信息管理系统的互联互通力度，实现外商投资企业从设立到运营的有关信息跨层级、跨部门共享。试点外商投资企业商务备案与工商登记“单一窗口、单一表格”受理新模式。（商务部、海关总署、工商总局、质检总局、国家外汇局等有关部门负责，各地方人民政府按职责分工负责）

（十九）鼓励外资参与国内企业优化重组。简化程序，放宽限制，支持境外投资者以并购方式设立外商投资企业。支持国内企业多渠道引进国际先进技术、管理经验和营销渠道。鼓励外资参与国有企业混合所有制改革。（国家发展改革委、商务部、国务院国资委按职责分工负责）

（二十）完善外商投资企业知识产权保护。针对网络侵权盗版、侵犯专利权、侵犯商标专用权等知识产权问题开展集中整治,强化司法保护和行政执法,加大对侵权违法行为的惩治力度。(全国打击侵权假冒工作领导小组办公室、工商总局、新闻出版广电总局、国家知识产权局等按职责分工负责)

(二十一)提升研发环境国际竞争力。为研发中心运营创造便利条件,依法简化具备条件的研发中心研发用样本样品、试剂等进口手续,促进外资研发投入。(海关总署、质检总局等按职责分工负责)

(二十二)保持外资政策稳定性连续性。地方各级人民政府要严格兑现向投资者及外商投资企业依法做出的政策承诺,认真履行在招商引资等活动中依法签订的各类合同。(各省级人民政府负责)

各地区、各部门要高度重视新形势下利用外资工作,按照职责分工,主动作为,密切配合。商务部要会同有关部门加强督促检查,确保各项措施落到实处,不断提升我国引资新优势,促进利用外资实现稳定增长。

国务院
2017年8月16日

私募投资基金管理暂行条例(征求意见稿)

第一章　总　则

第一条　为了规范私募投资基金活动,保护投资者及相关当事人的合法权益,促进私募投资基金行业健康规范发展,制定本条例。

第二条　本条例所称私募投资基金(以下简称私募基金),是指在中华人民共和国境内,以非公开方式向合格投资者募集资金设立,由基金管理人管理,为投资者的利益进行投资活动的私募证券投资基金和私募股权投资基金。

非公开募集资金,以进行投资活动为目的设立的公司或者合伙企业,资产由基金管理人或者普通合伙人管理的,其基金管理人、基金托管人、资金募集、投资运作和信息提供适用本条例。

私募基金财产的投资包括证券及其衍生品种、有限责任公司股权、基金份额,以及国务院证券监督管理机构规定的其他投资品种。

第三条　从事私募基金业务,应当遵循自愿、公平、诚实信用原则,维护投资者合法权益,不得损害国家利益、社会公共利益或者他人合法权益。

私募基金管理人和私募基金托管人管理、运用私募基金财产,私募基金服务机构从事私募基金服务活动,应当诚实守信、谨慎勤勉。

第四条　国务院证券监督管理机构及其派出机构依照《中华人民共和国证券投资基金法》(以下简称《证券投资基金法》)和本条例的规定,对私募基金业务活动实施监督管理。

第五条　基金行业协会依照法律、行政法规以及国务院证券监督管理机构的规定,对私募基金业务活动进行自律管理。

第二章　私募基金管理人

第六条　私募基金管理人由依法设立的公司或者合伙企业担任。

私募基金管理人应当有满足业务运营需要的营业场所、从业人员、安全防范设施和与基金管理业务相关的其他设施,有完善的风控合规、内部稽核监控和信息安全等制度。

第七条　有下列情形之一的,不得担任私募基金管理人,不得成为私募基金管理人的主要股东或者合伙人:

(一)因故意犯罪被判处刑罚,刑罚执行完毕未逾 3 年的;

(二)最近3年因重大违法违规行为被金融监管、税收、海关等行政机关处以行政处罚的;

(三)净资产低于实收资本的50%,或者或有负债达到净资产的50%的;

(四)不能清偿到期债务的;

(五)法律、行政法规和国务院证券监督管理机构规定的其他情形。

第八条　有下列情形之一的,不得担任私募基金管理人的董事、监事、高级管理人员、执行事务合伙人及其委派代表:

(一)因犯有贪污贿赂、渎职、侵犯财产罪或者破坏社会主义市场经济秩序罪,被判处刑罚的;

(二)对所任职的公司、企业因经营不善破产清算或者因违法被吊销营业执照负有个人责任的董事、监事、厂长、高级管理人员、执行事务合伙人委派代表,自该公司、企业破产清算终结或者被吊销营业执照之日起未逾5年的;

(三)个人所负债务数额较大,到期未清偿的;

(四)因违法行为被开除的基金管理人、基金托管人、证券交易所、证券公司、证券登记结算机构、期货交易所、期货公司及其他机构的从业人员和国家机关工作人员;

(五)因违法行为被吊销执业证书或者被取消资格的律师、注册会计师,和资产评估机构、验证机构的从业人员、投资咨询从业人员;

(六)法律、行政法规和国务院证券监督管理机构规定的其他情形。

第九条　私募基金管理人应当履行下列职责:

(一)依法募集资金,办理基金备案手续;

(二)按照基金合同管理基金,进行投资;

(三)按照基金合同的约定确定基金收益分配方案,及时向投资者分配收益;

(四)按照基金合同的约定负责基金会计核算并编制基金财务会计报告;

（五）办理与基金财产管理业务活动有关的信息提供事项；

（六）保存基金财产管理业务活动的记录、账册、报表和其他相关资料；

（七）以基金管理人名义，为基金财产利益行使诉讼权利或者实施其他法律行为；

（八）国务院证券监督管理机构规定和基金合同约定的其他职责。

除前款规定外，私募证券投资基金管理人还应当履行下列职责：

（一）编制定期基金报告；

（二）按照基金合同的约定计算并向投资者报告投资者账户信息。

第十条　私募基金管理人不得兼营与私募基金无关或者存在利益冲突的其他业务，不得进行利益输送。

第十一条　私募基金管理人应当在初次开展资金募集、基金管理等私募基金业务前向基金行业协会提交以下材料，履行登记手续：

（一）工商登记和营业执照；

（二）资本证明文件；

（三）公司章程或者合伙协议；

（四）股东、实际控制人、董事或者合伙人名单；

（五）高级管理人员的基本信息；

（六）有关内部制度文件；

（七）国务院证券监督管理机构规定的其他材料。

私募基金管理人报送的材料不齐全或者不符合规定形式的，基金行业协会应当在5个工作日内一次告知需要补正的全部内容。逾期不告知的，自收到申请材料之日起即为受理。基金行业协会应当自受理登记申请之日起20个工作日内，通过网站公告的方式办结登记手续。

第十二条　未经登记，任何单位或者个人不得使用“基金”“基金管理”等字样或者近似名称进行本条例规定的投资活动;但是,法律、行政法规另有规定的除外。

第十三条　私募基金管理人有下列情形之一的,基金行业协会应当及时注销基金管理人登记:

(一)自行申请注销登记的;

(二)依法解散、被依法撤销或者被依法宣告破产的;

(三)登记后 6 个月内未备案首只私募基金的;

(四)所管理的私募基金全部清盘后,12 个月内未备案私募基金的;

(五)因非法集资、非法经营等重大违法行为被追究法律责任的;

(六)不符合本条例第六条第二款规定,在规定期限内不予改正,情节严重的;

(七)国务院证券监督管理机构规定的其他情形。

第三章　私募基金托管人

第十四条　除基金合同另有约定外,私募基金财产应当由符合《证券投资基金法》规定的基金托管人托管。

基金合同约定私募基金不聘请基金托管人进行托管的,应当在基金合同中明确保障基金财产安全的制度措施和纠纷解决机制。

第十五条　私募基金托管人应当按照法律法规规定和基金合同约定,履行下列职责:

(一)安全保管基金财产,对所托管的不同基金财产分别设置账户,确保基金财产的完整与独立;

(二)办理与基金托管业务活动有关的信息提供事项;

(三)监督基金管理人的投资运作,及时提示基金管理人违规风险,发现基金管理人的投资活动违反法律法规的,应当拒绝执行并及时向证券监督管理机构报告;

(四)国务院证券监督管理机构规定的其他职责。

第十六条　私募基金托管人应当按照法律、行政法规和国务院证券监督管理机构的规定，建立托管业务和其他业务的隔离机制，有效防范利益冲突，保证基金财产的独立和安全。

第四章　资金募集

第十七条　私募基金管理人应当自行募集资金，或者委托符合《证券投资基金法》和国务院证券监督管理机构规定的基金销售机构代为募集资金。

私募基金应当向特定的合格投资者募集或者转让，单只私募基金的投资者人数累计不得超过法律规定的人数。不得采取将私募基金份额或者其收益权进行拆分转让等方式变相突破合格投资者标准。

合格投资者的具体标准由国务院证券监督管理机构规定。

第十八条　非公开募集基金，应当制定并采用书面形式签订基金合同，明确约定各方当事人的权利义务。

第十九条　私募基金管理人、私募基金销售机构应当履行投资者适当性管理义务，向投资者充分揭示投资风险，根据投资者的风险承担能力销售不同风险等级的私募基金产品。

第二十条　私募基金管理人、私募基金销售机构不得向合格投资者之外的单位和个人募集资金；不得通过报刊、电台、电视台、互联网等公众传播媒体或者讲座、报告会、分析会等方式向不特定对象宣传推介；不得以虚假、片面、夸大等方式宣传推介；不得向投资者承诺资本金不受损失或者承诺最低收益。

第二十一条　投资者应当确保投资资金来源合法，不得非法汇集他人资金进行投资。

第二十二条　私募基金管理人应当自私募基金募集完毕之日起20个工作日内，向基金行业协会报送下列信息，办理备案：

(一)基金名称;

(二)基金合同;资金募集过程中向投资者提供基金招募说明书的,应当报送基金招募说明书;

(三)对基金资产进行托管的,应当报送托管协议;

(四)基金资本证明文件;

(五)国务院证券监督管理机构规定的其他信息。

以公司或者合伙企业形式设立的私募基金,应当按照基金行业协会的规定办理备案手续。

基金行业协会应当自受理私募基金备案申请之日起 20 个工作日内,通过网站公告的方式,办结备案手续。

第五章　投资运作

第二十三条　私募基金管理人、私募基金托管人应当设立独立的基金账户,分别管理、分别记账。

私募基金管理人应当遵循专业化管理原则,并建立防范利益输送和利益冲突的机制。

第二十四条　私募基金管理人、私募基金托管人应当建立从业人员投资申报、登记、审查、处置等管理制度,防范与投资者发生利益冲突。

第二十五条　私募基金管理人可以委托国务院金融监督管理机构批准设立的金融机构或者在基金行业协会登记的私募基金管理人提供投资咨询服务。

第二十六条　私募基金管理人、私募基金托管人、私募基金服务机构及其从业人员从事私募基金业务,不得有下列行为:

(一)将其固有财产或者他人财产混同于基金财产从事投资活动;

(二)不公平地对待其管理的不同基金财产;

(三)利用基金财产或者职务之便,为投资者以外的人牟取利益,进行利益输送;

(四)侵占、挪用基金财产;

(五)泄露因职务便利获取的未公开信息,利用该信息从事或者明示、暗示他人从事相关的交易活动;

(六)从事损害基金财产和投资者利益的投资活动;

(七)玩忽职守,不按照规定履行职责;

(八)法律、行政法规和国务院证券监督管理机构规定禁止的其他行为。

第二十七条　私募基金管理人、私募基金托管人应当妥善保存与私募基金投资决策、交易和投资者适当性管理等方面相关的交易记录以及其他资料,保存期限自基金清算终止之日起不得少于20年。

第六章　信息提供

第二十八条　私募基金管理人、私募基金销售机构在基金募集过程中,应当采取合理的方式向投资者提供下列信息,揭示投资风险,说明基金管理和运作情况:

(一)基金的名称和基金类型;

(二)基金管理人在基金行业协会登记的基本信息;

(三)基金的投资范围、投资策略和投资限制情况;

(四)基金的收益分配和风险承担安排;

(五)基金的托管安排;

(六)基金信息提供的内容、方式和频率;

(七)国务院证券监督管理机构规定的其他信息。

私募基金管理人依照前款规定向投资者提供的信息应当与基金合同内容一致。

第二十九条　私募基金管理人应当建立健全信息提供管理制度,在基金运行期间向投资者提供下列信息:

(一)基金资产净值和基金份额总额;

(二)基金投资运作情况;

(三)基金财务情况;

(四)投资收益分配情况;

(五)基金承担的费用和业绩报酬;

(六)可能存在的利益冲突情况;

(七)投资者账户信息;

(八)可能影响投资者合法权益的其他重大信息。

基金合同约定私募基金进行托管的,私募基金托管人应当提供与托管业务活动有关的信息。

第三十条　私募基金管理人、私募基金销售机构应当保证所提供信息的真实性、准确性和完整性,不得有下列行为:

(一)虚假记载、误导性陈述或者重大遗漏;

(二)对投资业绩进行预测;

(三)承诺收益或者承诺资本金不受损失;

(四)法律、行政法规和国务院证券监督管理机构规定禁止的其他行为。

私募基金托管人不得有前款第一项、第四项规定的情形。

第三十一条　私募基金管理人、私募基金托管人和私募基金销售机构应当妥善保管私募基金信息提供的相关文件资料,保存期限自基金清算终止之日起不得少于 20 年。

第七章　行业自律

第三十二条　私募基金管理人、私募基金托管人应当加入基金行业协会,接受基金行业协会的自律管理。

第三十三条 私募基金管理人、私募基金托管人应当按照国务院证券监督管理机构的规定，向基金行业协会报送私募基金投资运作基本情况和运用杠杆情况等信息。

第三十四条 基金行业协会应当建立投诉处理机制，受理投资者投诉，进行纠纷调解。涉嫌违法违规的，基金行业协会应当及时报告国务院证券监督管理机构。

第三十五条 基金行业协会应当汇总分析私募基金行业的有关情况，并及时向国务院证券监督管理机构报送私募基金行业发展及风险相关信息。

第八章 监督管理

第三十六条 国务院证券监督管理机构依法对私募基金管理人、私募基金托管人和私募基金服务机构等开展私募基金业务情况进行监督管理，并有权采取《证券投资基金法》第一百一十三条规定的措施。

第三十七条 私募基金管理人、私募基金托管人、私募基金服务机构及其从业人员违反法律、行政法规及本条例规定的，国务院证券监督管理机构可以对其采取责令改正、监督管理谈话、出具警示函、公开谴责等措施。

第三十八条 国务院证券监督管理机构将私募基金管理人、私募基金托管人、私募基金销售机构及其从业人员的诚信信息记入资本市场诚信数据库，并按照规定向社会公开。

第三十九条 国务院证券监督管理机构和其他金融管理部门应当建立私募基金风险信息共享机制。

第九章 关于创业投资基金的特别规定

第四十条 本条例所称创业投资基金，是指向处于创建或重建过程中的未上市成长性企业进行股权投资，通过股权转让获得资本增值收益的私募股权投资基金。

第四十一条 创业投资基金不得投资于已上市企业的股权，但是所投资企业上市后，创业投资基金所持有的未转让股权及其配售股权除外。

创业投资基金可以通过上市转让、协议转让、被投资企业回购股权以及并购重组等方式实现投资退出。

第四十二条　国家对创业投资基金给予政策支持，促进创业投资持续健康发展。享受国家政策支持的创业投资基金，其投资运作应当符合国家有关规定。

国务院有关部门按照职责分工，制定关于创业投资基金的支持政策。国务院发展改革部门会同有关部门加强促进创业投资发展的政策协调。

第四十三条　国务院证券监督管理机构对创业投资基金实施区别于其他私募基金的差异化监督管理。

基金行业协会在基金管理人登记、基金备案、投资情况报告要求等方面，对创业投资基金实施差异化自律管理和服务。

第十章　法律责任

第四十四条　私募基金管理人违反本条例第九条、第十条规定，未履行职责的，责令改正，没收违法所得，并处违法所得 1 倍以上 5 倍以下罚款；没有违法所得或者违法所得不足 100 万元的，并处 10 万元以上 100 万元以下罚款。对直接负责的主管人员和其他直接责任人员给予警告，并处 3 万元以上 10 万元以下罚款。

第四十五条　违反本条例第十二条规定，未经登记，使用“基金”“基金管理”等字样或者近似名称进行投资活动的，没收违法所得，并处违法所得 1 倍以上 5 倍以下罚款；没有违法所得或者违法所得不足 100 万元的，处 10 万元以上 100 万元以下罚款。对直接负责的主管人员和其他直接责任人员给予警告，并处 3 万元以上 30 万元以下罚款。

第四十六条　违反本条例第十七条第二款、第二十条规定，向特定的合格投资者之外的单位或者个人募集资金或者转让基金份额，或者导致投资者超过法定人数限制的，没收违法所得，并处违法所得 1 倍以上 5 倍以下罚款；没有违法所得或者违法所得不足 100 万元的，处 10 万元以上 100 万元以下罚款。对直接负责的主管人员和其他直接责任人员给予警告，并处 3 万元以上 30 万元以下罚款。

第四十七条　违反本条例第十九条规定，未履行投资者适当性管理义务，未向投资者充分揭示投资风险或者误导其购买与其风险承担能力不相当的基金产品的，处 10 万元以上 30 万元以下罚款；情节严重的，责令其停止基金服务业务。对直接负责的主管人员和其他直接责任人员给予警告，并处 3 万元以上 10 万元以下罚款。

第四十八条　违反本条例第二十条规定，有擅自公开或者变相公开募集基金等行为的，责令停止，返还所募资金和加计的银行同期存款利息，没收违法所得，并处所募资金金额 1% 以上 5% 以下罚款。对直接负责的主管人员和其他直接责任人员给予警告，并处 5 万元以上 50 万元以下罚款。

第四十九条　违反本条例第二十二条规定，未对募集完毕的私募基金办理备案的，对私募基金管理人处 10 万元以上 30 万以下罚款。对其直接负责的主管人员和其他直接责任人员给予警告，并处 3 万元以上 10 万元以下罚款。

第五十条　私募基金管理人、私募基金托管人违反本条例第六条第二款、第十四条第二款、第十六条和第二十三条规定，不符合业务运营的相关要求，未建立防范利益输送和利益冲突的机制，未对基金财产实行分别管理、分别记账，或者未对未托管的基金财产采取隔离措施的，责令改正，处 5 万元以上 50 万元以下罚款；对直接负责的主管人员和其他直接责任人员给予警告，并处 3 万元以上 30 万元以下罚款。

第五十一条　私募基金管理人、私募基金托管人的从业人员未按照本条例第二十四条规定申报的，责令改正，处 3 万元以上 10 万元以下罚款。

第五十二条　违反本条例第二十五条规定，委托不符合规定条件的机构提供投资咨询服务的，责令停止，没收违法所得，并处 10 万元以上 30 万元以下罚款。对直接负责的主管人员和其他直接责任人员给予警告,并处 3 万元以上 30 万元以下罚款。

第五十三条　私募基金管理人、私募基金托管人、私募基金服务机构及其从业人员有本条例第二十六条所列行为之一的,责令改正,没收违法所得,并处违法所得 1 倍以上 5 倍以下罚款;没有违法所得或者违法所得不足 100 万元的,并处 10 万元以上 100 万元以下罚款;对直接负责的主管人员和其他直接责任人员给予警告,并处 3 万元以上 30 万元以下罚款。

私募基金管理人、私募基金托管人、私募基金销售机构及其从业人员侵占、挪用基金财产而取得的财产和收益,归入基金财产。但是,法律、行政法规另有规定的,依照其规定。

第五十四条　私募基金管理人、私募基金托管人、私募基金销售机构及其从业人员未按照本条例规定向投资者提供相关信息,或者信息有虚假记载、误导性陈述或者重大遗漏的,责令改正,没收违法所得,并处 10 万元以上 100 万元以下罚款;对直接负责的主管人员和其他责任人员给予警告,暂停或者撤销业务资格,并处 3 万元以上 30 万元以下罚款。

第五十五条　私募基金管理人、私募基金托管人、私募基金销售机构及其从业人员违反本条例其他规定的,责令改正;拒不改正的,给予警告,并处 3 万元以下罚款;对直接负责的主管人员和其他直接责任人员,给予警告,并处 3 万元以下罚款。

第五十六条　私募基金管理人、私募基金托管人、私募基金销售机构及其从业人员违反本条例规定,情节严重的,国务院证券监督管理机构可以对有关责任人员采取证券期货市场禁入措施。构成犯罪的,依法追究刑事责任。

第十一章　附　则

第五十七条　外商投资私募基金管理人的管理办法,由国务院证券监督管理机构另行制定。

境外机构不得直接向境内投资者募集资金设立私募基金，法律、行政法规另有规定的除外。

第五十八条　本条例自　年　月　日起施行。

国务院关于印发划转部分国有资本充实社保基金实施方案的通知

（国发〔2017〕49 号）

各省、自治区、直辖市人民政府，国务院各部委、各直属机构：

现将《划转部分国有资本充实社保基金实施方案》印发给你们，请认真贯彻执行。

国务院

2017 年 11 月 9 日

（此件公开发布）

划转部分国有资本充实社保基金实施方案

党中央、国务院高度重视社会保障体系建设。我国统一的企业职工基本养老保险制度建立以来，以确保企业离退休人员基本养老金按时足额发放为中心，参保范围不断扩大，基金征缴力度不断加强，各项工作取得明显成效，对建立社会主义市场经济体制、维护改革发展稳定大局、保障企业离退休人员权益发挥了重要作用。与此同时，在企业职工基本养老保险制度逐步完善过程中，受多种因素影响，形成了一定的企业职工基本养老保险基金缺口。随着经济社会发展和人口老龄化加剧，基本养老保险基金支付压力不断加大,为充分体现代际公平和国有企业发展成果全民共享,现决定划转部分国有资本充实社保基金,具体方案如下。

一、指导思想

全面贯彻落实党的十九大精神,深入贯彻习近平新时代中国特色社会主义思想,认真落实党中央、国务院决策部署,按照《中共中央国务院关于深化国有企业改革的指导意见》和基本养老保险制度改革有关要求,在推动国有企业深化改革的同时,通过划转部分国有资本充实社保基金,使全体人民共享国有企业发展成果,增进民生福祉,促进改革和完善基本养老保险制度,实现代际公平,增强制度的可持续性。

二、基本原则

坚持目标引领,与基本养老保险制度改革目标紧密结合。基本养老保险制度改革是系统工程,应统筹兼顾,考虑长远,力求在公共财政适度支持的情况下实现精算平衡。划转部分国有资本,基本目标是弥补因实施视同缴费年限政策形成的企业职工基本养老保险基金缺口,促进建立更加公平、更可持续的养老保险制度。

坚持系统规划,与深化国有企业改革目标紧密结合。统筹考虑划转部分国有资本的目标、企业职工基本养老保险基金缺口成因、国有资本现状和企业发展需要,科学界定划转范围,合理确定划转比例。

坚持立足长远,与弥补企业职工基本养老保险基金缺口的目标相结合。通过划转实现国有资本多元化持有,但不改变国有资本属性。划转承接主体作为财务投资者,管理运营所划入的国有资本,建立国有资本划转和企业职工基本养老保险基金缺口逐步弥补相结合的运行机制。

坚持独立运营,与社保基金多渠道筹集的政策目标相结合。划转的国有资本具有充实社保基金的特定用途和政策目标,运营收益根据基本养老保险基金的支出需要上缴,专项用于弥补企业职工基本养老保险基金缺口。划转的国有资本应集中持有，独立运行，单独核算，接受考核和监督。

三、划转范围、对象、比例和承接主体

（一）划转范围。将中央和地方国有及国有控股大中型企业、金融机构纳入划转范围。公益类企业、文化企业、政策性和开发性金融机构以及国务院另有规定的除外。

（二）划转对象。中央和地方企业集团已完成公司制改革的，直接划转企业集团股权；中央和地方企业集团未完成公司制改革的，抓紧推进改革，改制后按要求划转企业集团股权；同时，探索划转未完成公司制改革的企业集团所属一级子公司股权。全国社会保障基金因国有股权划转、投资等各种原因形成的上市企业和非上市企业股权除外。

（三）划转比例。首先以弥补企业职工基本养老保险制度转轨时期因企业职工享受视同缴费年限政策形成的企业职工基本养老保险基金缺口为基本目标，划转比例统一为企业国有股权的10%。今后，结合基本养老保险制度改革及可持续发展要求，若需进一步划转，再作研究。

（四）承接主体。划转的国有股权是基本养老保险基金的重要组成部分。划转的中央企业国有股权，由国务院委托社保基金会负责集中持有，单独核算，接受考核和监督。条件成熟时，经批准，社保基金会可组建养老金管理公司，独立运营划转的中央企业国有股权。

划转的地方企业国有股权，由各省级人民政府设立国有独资公司集中持有、管理和运营。也可将划转的国有股权委托本省（区、市）具有国有资本投资运营功能的公司专户管理。

四、划转程序

（一）按照中央企业国有股权划转的部署和步骤安排，国有资产监督管理机构负责提出本机构所监管企业拟划转股权的建议方案，由财政部会同有关部门审核确认。其中，国务院国资委监管的中央企业，由财政部会同人力资源社会保障部、国务院国资委审核确认；中央金融机构等由财政部会同人力资源社会保障部审核确认。

本方案所称国有资产监督管理机构，是指代表国务院和地方人民政府履行出资人职责的部门（机构）、负责监督管理行政事业单位所办企业国有资产和金融类企业国有资产的财政部门。

（二）根据经审核确认的划转方案，国有资产监督管理机构具体办理企业国有股权的划出手续，社保基金会相应办理股权划入手续，并对划入的国有股权设立专门账户管理。

地方企业国有股权划转工作比照中央企业办理。

（三）划转对象涉及多个国有股东的，由第一大股东的国有资产监督管理机构负责对国有股东身份和应划转股权进行初审，提交同级财政部门确认。国有股东分别属于中央和地方管理的，按第一大股东的产权归属关系，将应划转的国有股权统一划转至社保基金会或各省（区、市）国有独资公司等承接主体。

（四）划转上市公司国有股权的，国有资产监督管理机构应同时向中国证券登记结算有限责任公司下达国有股转持通知，并抄送社保基金会或各省（区、市）国有独资公司等承接主体。中国证券登记结算有限责任公司在收到国有股转持通知后 15 个工作日内，将应转持的国有股权，变更登记到社保基金会或各省（区、市）国有独资公司等承接主体。

（五）国有股权划转至社保基金会或各省（区、市）国有独资公司等承接主体后，相关企业应及时进行账务调整，并按规定做好国有资产产权变动登记工作。国有股权划出方应当就划转事项通知本企业债权人。涉及上市公司股份权益变动的，相关企业需按照证券监管有关规定，履行信息披露义务。

(六)国有资产监督管理机构负责向同级财政部门提供年度划转任务执行情况,财政部门逐级汇总后,由财政部会同人力资源社会保障部、国务院国资委、证监会、社保基金会上报国务院。

五、承接主体对国有资本的管理

(一)资本管理。社保基金会及各省(区、市)国有独资公司等承接主体作为财务投资者,享有所划入国有股权的收益权和处置权,不干预企业日常生产经营管理,一般不向企业派出董事。必要时,经批准可向企业派出董事。

对划入的国有股权,社保基金会及各省(区、市)国有独资公司等承接主体原则上应履行3年以上的禁售期义务,并应承继原持股主体的其他限售义务。在禁售期内,如划转涉及的相关企业上市,应承继原持股主体的禁售期义务。

(二)收益管理。对划入的国有股权,社保基金会及各省(区、市)国有独资公司等承接主体的收益主要来源于股权分红。除国家规定须保持国有特殊持股比例或要求的企业外,社保基金会及各省(区、市)国有独资公司等承接主体经批准也可以通过国有资本运作获取收益。

六、划转步骤

按照试点先行、分级组织、稳步推进的原则完成划转工作。

第一步,2017年选择部分中央企业和部分省份开展试点。中央企业包括国务院国资委监管的中央管理企业3至5家、中央金融机构2家。试点省份的划转工作由有关省(区、市)人民政府具体组织实施。

第二步,在总结试点经验的基础上,2018年及以后,分批划转其他符合条件的中央管理企业、中央行政事业单位所办企业以及中央金融机构的国有股权,尽快完成划转工作。各省(区、市)人民政府负责组织实施本地区地方国有企业的国有股权划转工作。

七、配套措施

(一)自本方案印发之日起,划转范围内企业实施重大重组,改制上市,或改组组建国有资本投资、运营公司等涉及国有股权变动的改革事项,企业改革方案应与国有资本划转方案统筹考虑。

(二)探索建立对划转国有股权的合理分红机制。社保基金会及各省(区、市)国有独资公司等承接主体持有的股权分红和运作收益,专项用于弥补企业职工基本养老保险基金缺口,不纳入国有资本经营预算管理。每年6月底前,社保基金会及各省(区、市)国有独资公司等承接主体应将上年度国有资本收益和分红情况报送同级财政、人力资源社会保障部门。

(三)社保基金会及各省(区、市)国有独资公司等承接主体持有的国有资本收益,由同级财政部门统筹考虑基本养老保险基金的支出需要和国有资本收益状况,适时实施收缴,专项用于弥补企业职工基本养老保险基金缺口。

国有资本运作管理办法和中央财政对收缴资金的具体使用办法等另行制定。

(四)自本方案印发之日起,《国务院关于印发减持国有股筹集社会保障资金管理暂行办法的通知》(国发〔2001〕22号)和《财政部　国资委　证监会　社保基金会关于印发〈境内证券市场转持部分国有股充实全国社会保障基金实施办法〉的通知》(财企〔2009〕94号)等现行国有股转(减)持政策停止执行。

八、组织实施

划转部分国有资本充实社保基金,是基本养老保险制度改革和国有企业改革的重要组成部分,是保障和改善民生的重要举措。国务院国有企业改革领导小组要加强统筹协调、督促落实。财政部、人力资源社会保障部、国务院国资委、证监会、社保基金会等部门要各司其职,密切配合,出台配套制度办法,加强对本方案执行的支持和指导,做好方案实施的监督评估工作。各有关部门和机构要高度重视划转工作,统筹规划,周密安排,落实责任,有序实施。各省(区、市)人民政府对本地区划转工作负总责,要结合实际抓紧制订具体落实方案,确保按要求完成划转目标任务。

关于印发《政府出资产业投资基金信用信息登记指引(试行)》的通知

(发改办财金规〔2017〕571号)

第一条 为规范政府出资产业投资基金信用信息登记管理工作,有效发挥政府资金的引导作用和放大效应,促进政府出资产业投资基金行业持续健康发展,根据《公司法》、《合伙企业法》、《中共中央国务院关于深化投融资体制改革的意见》(中发〔2016〕18号)、《国务院关于促进创业投资持续健康发展的若干意见》(国发〔2016〕53号)、《国务院关于创新重点领域投融资机制 鼓励社会投资的指导意见》(国发〔2014〕60号)、《政府出资产业投资基金管理暂行办法》(发改财金规〔2016〕2800号)等法律法规和有关文件精神,制定本指引。

第二条 本指引所称政府出资产业投资基金,是指有政府(含所属部门、直属机构)直接或委托出资,主要投资于非公开交易企业股权的股权投资基金和创业投资基金;政府出资设立的综合性基金(母基金)也适用本指引。

第三条 政府出资产业投资基金管理人通过互联网访问全国政府出资产业投资基金信用信息登记系统(网络地址为 https://106.39.125.75/)进行登记。

第四条 各级发展改革部门按照《政府出资产业投资基金管理暂行办法》第十五条确定的权限范围开展基金信用信息登记相关管理工作,负责进行基金材料齐备性核对和产业政策符合性审查。国家发展改革委授权并指导中央国债登记结算有限责任公司(简称"中债公司")开发、运行登记系统,负责对基金信用信息进行登记确认、数据保管和统计分析等。

第五条　基金管理人应如实提交政府出资产业投资基金登记所需的相关材料，保证所提供的所有材料真实、准确、完整，并承担相应的法律责任。

第六条　政府出资产业投资基金通过登记系统进行统一登记，是加强政府出资产业投资基金管理的基础性工作，不构成对基金资产安全性、基金管理人投资管理能力、持续合规情况的认可或保证。

第七条　登记系统登记信息包括基金信息、基金管理人信息、基金股东或合伙人信息、基金托管人信息、投资信息等。

第八条　政府出资产业投资基金应在认缴协议签订后二十个工作日内，由基金管理人通过登记系统填报。本指引出台前签订认缴协议的基金，应于指引施行后两个月内完成登记。

公司型基金自聘管理团队管理基金资产的，该基金公司作为基金管理人履行登记手续。

采用母子基金模式运作的，统一由母基金管理人履行登记和变更手续，子基金直接在其母基金登记和变更时填报有关信息，无须另行在登记系统上登记。母基金可授权相关子基金管理人履行登记和变更手续。

第九条　政府出资产业投资基金登记原则上实行穿透填报，基金投资信息需穿透填报至被投项目有关情况；合伙人需填报至个人和公司法人。

第十条　采用母子基金模式运作，同时具备下列条件的，相关子基金具体投资信息可免于登记：

（一）母基金投资子基金的金额低于 1 亿元人民币（或等值外币）；

（二）母基金投资子基金的金额在子基金规模中占比低于 5%；

（三）母基金投资子基金的金额在母基金规模中占比低于 5%。

符合豁免登记条件的子基金除具体投资信息外的其他信息仍需登记。

第十一条　政府出资产业投资基金首次申请登记完成后五个工作日内，基金管理人应当根据《政府出资产业投资基金管理暂行办法》第十五条确定的权限范围，向发展改革部门书面提交下列材料（附光盘）：

（一）基金设立相关批复文件；

（二）基金和基金管理人工商登记文件与营业执照（如适用）；

（三）基金章程、合伙协议或基金协议；

（四）基金管理协议（如适用）；

（五）基金托管协议（可延后补交）；

（六）基金管理人的章程或合伙协议；

（七）基金投资人向基金出资的资金证明文件；

（八）基金管理人公开征选办法及确认文件（如适用）；

（九）基金管理人信用信息登记承诺函。

上述材料（一）至（八）项可提交加盖基金管理人公章的复印件，第（九）项应提交原件。

第十二条　各级地方政府或所属部门、直属机构出资额50亿元人民币（或等值外币）以下的，国家发展改革委授权并指导省（自治区、直辖市）发展改革部门负责材料齐备性核对和产业政策符合性审查。50亿元人民币（或等值外币）以下超过一定规模的县、市地方政府或所属部门、直属机构出资，由省级发展改革部门负责材料齐备性核对和产业政策符合性审查，具体规模由各省（自治区、直辖市）发展改革部门确定。计划单列市发展改革部门负责辖区内政府出资额50亿元人民币（或等值外币）以下的基金材料齐备性核对和产业政策符合性审查。核对和审查通过后，发展改革部门在登记系统中予以确认。

第十三条　发展改革部门收到书面材料后应进行材料齐备性核对。登记材料齐备的,发展改革部门在五个工作日内在登记系统中予以确认,登记系统自动生成相应的基金登记编码;登记材料不齐备的,发展改革部门通过登记系统明确告知需补充的材料清单。

第十四条　发展改革部门于基金登记确认后三十个工作日内完成产业政策符合性审查。通过产业政策符合性审查的基金,发展改革部门在登记系统中予以确认;未通过产业政策符合性审查的基金,发展改革部门通过登记系统出具整改意见告知书,抄告有关部门或地方政府,并以适当方式向社会公告。审查结果将以适当方式体现在政府出资产业投资基金绩效评价和信用评价中。

第十五条　中债公司应采取有效的管理措施,保证登记系统的可用性及系统中相关数据的安全性和完整性。未经国家发展改革委授权,任何人或单位不得使用或对外发布有关信息。

第十六条　政府出资产业投资基金和基金管理人发生下列重大事项变更的,基金管理人应于十个工作日内通过登记系统提出变更登记申请,并向发展改革部门书面提交变更材料(附光盘):

(一)基金设立相关批复文件发生变化;

(二)基金和基金管理人工商登记文件与营业执照发生变化(如适用);

(三)基金章程、合伙协议或基金协议发生变化;

(四)基金管理协议发生变化(如适用);

(五)基金托管人或托管协议发生变化;

(六)基金管理人的章程或合伙协议发生变化;

(七)基金投资人发生变化;

(八)基金和基金管理人发生分立或者合并;

(九)基金和基金管理人依法解散、撤销、破产;

（十）可能对基金持续运行产生重大影响的其他登记要素变化。

第十七条　已登记的政府出资产业投资基金依法解散或清盘的，应及时告知发展改革部门，发展改革部门应及时注销基金登记。

第十八条　基金管理人应当在每季度结束之日起十个工作日内通过登记系统更新下列信息：

（一）基金认缴规模和实缴规模；

（二）设立、参股和退出子基金情况；

（三）新增投资项目或已投项目进展情况；

（四）投资项目退出情况；

（五）投资金融产品情况。

第十九条　基金管理人应当在每个会计年度结束后四个月内，通过登记系统报送投资运作情况，并提交基金及基金管理人年度财务报告、年度业务报告和托管报告。其中，年度财务报告应当经注册会计师审计，能够准确反映登记的基金和基金管理人资产负债和投资收益等情况；年度业务报告能够准确陈述登记的基金和基金管理人历史沿革、组织管理架构、资本资产状况、经济社会贡献情况、投资运作及典型投资案例等。

第二十条　建立健全政府出资产业投资基金行业信用体系。国家发展改革委委托第三方信用服务机构开展政府出资产业投资基金及基金管理人信用评价工作。实施守信联合激励和失信联合惩戒制度，褒扬和激励诚信行为，惩戒和约束失信行为。

基金管理人未按规定及时、准确、完整填报相关信用信息数据或未按要求进行信用信息更新的，发展改革部门将提醒改正；情节严重的，发展改革部门将会同有关部门实施失信联合惩戒，并及时将有关情况抄告有关部门或地方政府。发展改革部门将会同有关部门研究政府出资产业投资基金及基金管理人守信联合激励措施。

第二十一条　中债公司应按照本指引规定制定政府出资产业投资基金信用信息登记系统操作手册。

第二十二条　本指引自 2017 年 4 月 1 日起施行,由国家发展改革委负责解释。政府出资产业投资基金行业具体信用评价和信用体系建设办法由国家发展改革委另行制定。

附:政府出资产业投资基金管理人信用信息登记承诺函模板

附

政府出资产业投资基金管理人
信用信息登记承诺函

机构名称:

统一信用代码或工商注册号:

注册地址:

本机构郑重承诺:

一、向政府出资产业投资基金信用信息登记系统提供的所有材料及填报的信息真实、准确、完整,不存在任何虚假记载、误导性陈述或重大遗漏,并愿意承担全部的法律责任。

二、本机构高级管理人员及从业人员将严格执行有关规定进行登记，全面履行应尽的责任和义务，诚实守信，遵守职业道德，接受有关部门的监督管理。

特此承诺。

机构名称：

（加盖公章）

法定代表人/执行事务合伙人/执行事务合伙人委派代表签名：

年　月　日

国家发展改革委办公厅关于发挥政府出资产业投资基金引导作用推进市场化银行债权转股权相关工作的通知

（发改办财金〔2017〕1238号）

各省、自治区、直辖市及计划单列市发展改革委，新疆生产建设兵团发展改革委：

为加快推进供给侧结构性改革，切实贯彻中央经济工作会议精神和政府工作报告部署，积极推动《关于积极稳妥降低企业杠杆率的意见》（国发〔2016〕54号）及附件《关于市场化银行债权转股权的指导意见》（以下简称《指导意见》）、《政府出资产业投资基金管理暂行办法》（发改财金规〔2016〕2800号）落实，充分发挥政府出资产业投资基金在市场化银行债权转股权（以下简称市场化债转股）中的积极作用，加大对市场化债转股工作的支持力度，现将有关事项通知如下：

一、充分认识政府出资产业投资基金对推进市场化债转股相关工作的重要意义。通过政府出资产业投资基金支持符合区域规划、区域政策、产业政策、投资政策及其他国家宏观管理政策的有发展前景的高负债企业实施市场化债转股，有助于发挥政府资金的引导作用和放大效应,吸引社会资金参与市场化债转股,有效降低相关领域内企业杠杆率,防范企业债务风险,帮助企业降本增效,实现优胜劣汰,是发挥市场配置资源决定性作用和更好发挥政府作用的重要结合点。

二、政府出资产业投资基金投资的市场化债转股项目应符合《政府出资产业投资基金管理暂行办法》(发改财金规〔2016〕2800 号)第三章关于投资领域的规定,市场化债转股对象企业须满足《指导意见》所明确的相关要求。

三、支持现有政府出资产业投资基金或新设政府出资市场化债转股专项基金按以下方式参与市场化债转股项目:

(一)以权益投资的方式参与《指导意见》所列各类实施机构发起的市场化债转股项目;

(二)以出资参股符合条件的实施机构发起设立的债转股投资基金的方式参与市场化债转股项目;

(三)以经基金章程、合伙协议或基金协议明确或约定的符合国家法律法规和有关规范性文件的其他投资形式参与市场化债转股项目。

四、鼓励有条件有需求的地区探索新设政府出资市场化债转股专项基金开展市场化债转股,新设政府出资市场化债转股专项基金可以吸引符合条件的银行和市场化债转股实施机构以及其他各类社会资本参与。在符合相关规定的前提下,支持政府出资产业投资基金除政府外的其他出资人申请发行企业债券,通过基金投入市场化债转股项目,有效拓宽市场化债转股筹资渠道。

五、政府出资产业投资基金各出资方应当按照“利益共享、风险共担”的原则,明确约定收益分配和亏损分担方式。针对市场化债转股项目普遍存在的投资期限较长、收益较低、不确定性高情况,政府出资部分可以适当让利,提高社会资本参与市场化债转股项目的积极性。

各省、自治区、直辖市,各计划单列市,新疆生产建设兵团发展改革委可以根据本地区具体情况制定支持政府出资产业投资基金参与市场化债转股的具体办法,积极稳妥开展市场化债转股工作。

国家发展改革委办公厅
2017年7月15日

企业境外投资管理办法(征求意见稿)

第一章 总 则

第一条 【制定目的和依据】为加强境外投资宏观指导,优化境外投资综合服务,完善境外投资全程监管,促进境外投资持续健康发展,维护我国国家利益和国家安全,根据《中华人民共和国行政许可法》《国务院关于投资体制改革的决定》《国务院对确需保留的行政审批项目设定行政许可的决定》等法律法规,制定本办法。

第二条 【定义和适用范围】本办法所称境外投资,是指中华人民共和国境内企业(以下称"投资主体")直接或通过其控制的境外企业,以投入资产、权益或提供融资、担保等方式,获得境外所有权、控制权、经营管理权及其他相关权益的投资活动。

前款所称投资活动,主要包括但不限于下列情形:

(一)获得境外土地所有权、使用权等权益;

(二)获得境外自然资源勘探、开发特许权等权益;

(三)获得境外基础设施所有权、经营管理权等权益;

(四)获得境外企业或资产所有权、经营管理权等权益;

(五)新建或改扩建境外固定资产;

（六）新建境外企业或向既有境外企业增加投资；

（七）新设或参股境外股权投资基金；

（八）通过协议、信托等方式控制境外企业或资产。

本办法所称企业，包括各种类型的金融企业和非金融企业。

本办法所称控制，是指直接或间接拥有企业半数以上表决权，或虽不拥有半数以上表决权，但能够支配企业的经营、财务、人事、技术等重要事项。

第三条　【投资主体权利】投资主体依法享有境外投资自主权，自主决策、自担风险。

第四条　【禁止性规定】投资主体开展境外投资，不得违反我国法律法规，不得威胁或损害我国国家利益和国家安全。

第五条　【投资主体义务】投资主体开展境外投资，应当履行境外投资项目（以下称“项目”）核准、备案等手续，报告有关信息，配合监督检查。

第六条　【管理职责】国家发展和改革委员会（以下称“国家发展改革委”）在国务院规定的职责范围内，履行境外投资主管部门职责，根据维护我国国家利益和国家安全的需要，对境外投资进行宏观指导、综合服务和全程监管。

第七条　【在线平台】国家发展改革委建立全国境外投资在线管理和服务平台（以下称“在线平台”）。投资主体可以通过在线平台履行核准和备案手续、报告有关信息；涉及国家秘密或不适宜使用在线平台的事项，投资主体可以另行使用纸质材料提交。在线平台操作指南由国家发展改革委发布。

第二章　境外投资指导和服务

第八条　【投资主体权利】投资主体可以就境外投资向国家发展改革委咨询政策和信息、反映情况和问题、提出意见和建议。

第九条　【宏观指导】国家发展改革委在国务院规定的职责范围内，会同有关部门根据国民经济和社会发展需要制定完善相关领域专项规划及产业政策，为投资主体开展境外投资提供宏观指导。

第十条　【信息服务】国家发展改革委在国务院规定的职责范围内，会同有关部门加强国际投资形势分析，发布境外投资有关数据、情况等信息，为投资主体提供信息服务。

第十一条　【优化环境】国家发展改革委在国务院规定的职责范围内，会同有关部门参与国际投资规则制定，建立健全投资合作机制，加强政策交流和协调，推动有关国家和地区为我国企业开展投资创造公平营商环境。

第十二条　【利益保护】国家发展改革委在国务院规定的职责范围内，推动海外利益安全保护体系和能力建设，指导投资主体防范和应对重大风险，维护我国企业合法权益。

第三章　境外投资项目核准和备案

第一节　核准、备案的范围

第十三条　【核准范围】实行核准管理的范围是投资主体直接或通过其控制的境外企业开展的敏感类项目。核准机关是国家发展改革委。

本办法所称敏感类项目包括：

（一）涉及敏感国家和地区的项目；

（二）涉及敏感行业的项目。

本办法所称敏感国家和地区包括：

（一）与我国未建交的国家和地区；

（二）发生战争、内乱的国家和地区；

（三）根据我国缔结或参加的国际条约、协定等，需要限制企业对其投资的国家和地区；

(四)其他敏感国家和地区。

本办法所称敏感行业包括:

(一)武器装备的研制生产维修;

(二)跨境水资源开发利用;

(三)新闻传媒;

(四)根据我国宏观调控政策,需要限制企业境外投资的行业。

敏感行业目录由国家发展改革委发布。

第十四条　【备案范围】实行备案管理的范围是投资主体直接开展的非敏感类项目,也即投资主体直接以投入资产、权益或提供融资、担保等方式开展的非敏感类项目。

实行备案管理的项目中,投资主体是中央管理企业(含中央管理金融机构、国务院或国务院所属机构直接管理的企业,下同)的,备案机关是国家发展改革委;投资主体是地方企业,且中方投资额 3 亿美元及以上的,备案机关是国家发展改革委;投资主体是地方企业,且中方投资额 3 亿美元以下的,备案机关是投资主体注册地的省级政府发展改革部门。

本办法所称非敏感类项目,是指不涉及敏感国家和地区且不涉及敏感行业的项目。

本办法所称中方投资额,是指投资主体直接以及通过其控制的境外企业为项目投入的货币、证券、实物、技术、知识产权、股权、债权等资产、权益以及提供融资、担保的总额。

本办法所称省级政府发展改革部门,包括各省、自治区、直辖市及计划单列市人民政府发展改革部门和新疆生产建设兵团发展改革部门。

第十五条　【咨询核准、备案范围】投资主体可以向核准、备案机关咨询拟开展的项目是否属于核准、备案范围,核准、备案机关应当及时予以告知。

第十六条 【确定申报单位】两个以上投资主体共同开展的项目,应当由投资额相对较大一方在征求其他投资方书面同意后提出核准、备案申请。如各方投资额相等,应当协商一致后由其中一方提出核准、备案申请。

第十七条 【前期费用】对项目所需前期费用(包括履约保证金、保函手续费、中介服务费、资源勘探费等)规模较大的,投资主体可以参照本办法第十三条、第十四条规定对项目前期费用提出核准、备案申请。经核准或备案的项目前期费用计入项目中方投资额。

第二节 核准的程序和时限

第十八条 【核准申请方式】实行核准管理的项目,投资主体应当通过在线平台向核准机关提交项目申请报告并附具有关文件。其中,投资主体是中央管理企业的,由其集团公司或总公司向核准机关提交;投资主体是地方企业的,由其直接向核准机关提交。

第十九条 【核准申请材料】项目申请报告应当包括以下内容:

(一)投资主体情况;

(二)项目情况,包括项目名称、投资目的地、主要内容和规模、中方投资额等;

(三)项目对我国国家利益和国家安全的影响分析;

(四)投资主体关于项目真实性的声明。

项目申请报告的通用文本以及应当附具的文件(以下称"附件")清单由国家发展改革委发布。

第二十条 【申请报告编写】项目申请报告可以由投资主体自行编写,也可以由投资主体自主委托具有相关经验和能力的中介服务机构编写。

第二十一条 【核准受理程序】项目申请报告和附件齐全、符合法定形式的,核准机关应当予以受理。

项目申请报告或附件不齐全、不符合法定形式的,核准机关应当在收到项目申请报告之日起 5 个工作日内一次性告知投资主体需要补正的内容。逾期不告知的,自收到项目申请报告之日起即为受理。

核准机关受理或不予受理项目申请报告,都应当通过在线平台告知投资主体。投资主体需要受理或不予受理凭证的,可以通过在线平台自行打印或要求核准机关出具。

第二十二条　【征求意见】项目涉及有关部门职责的,核准机关应当商请有关部门在 7 个工作日内出具书面审查意见。有关部门逾期没有反馈书面审查意见的,视为同意。

第二十三条　【委托评估】核准机关在受理项目申请报告后,如确有必要,应当在 4 个工作日内委托具有相应资质的咨询机构进行评估。除项目情况复杂的,评估时限不得超过 30 个工作日。项目情况复杂的,经核准机关同意,可以延长评估时限,但延长的时限不得超过 60 个工作日。

核准机关应当将咨询机构进行评估所需的时间告知投资主体。

接受委托的咨询机构应当在规定时限内提出评估报告,并对评估结论承担责任。

评估费用由核准机关承担,咨询机构及其工作人员不得收取投资主体任何费用。

第二十四条　【核准机关协调】核准机关可以结合有关单位意见、评估意见等,建议投资主体对项目申请报告有关内容进行调整,或要求投资主体对有关情况或材料作进一步澄清、补充。

第二十五条　【核准时限】核准机关应当在受理项目申请报告后 20 个工作日内做出是否予以核准的决定。项目情况复杂或需要征求有关单位意见的,经核准机关负责人批准,可以延长核准时限,但延长的核准时限不得超过 10 个工作日,并应当将延长时限的理由告知投资主体。

前款规定的核准时限,包括征求有关单位意见的时间,不包括咨询机构评估的时间。

第二十六条 【核准条件】核准机关对项目予以核准的条件为:

(一)不违反我国法律法规;

(二)不违反我国有关发展规划、宏观调控政策、产业政策和对外开放政策;

(三)不违反我国缔结或参加的国际条约、协定;

(四)不威胁、不损害我国国家利益和国家安全。

第二十七条 【核准文件】对符合核准条件的项目,核准机关应当予以核准,并向投资主体出具书面核准文件。

对不符合核准条件的项目,核准机关应当出具不予核准书面通知,并说明不予核准的理由。

第二十八条 【相关程序豁免】项目违反有关法律法规、违反有关规划或政策、违反有关国际条约或协定、威胁或损害我国国家利益和国家安全的,核准机关可以不经过征求意见、委托评估等程序,直接做出不予核准的决定。

第三节 备案的程序和时限

第二十九条 【备案申请方式】实行备案管理的项目,投资主体应当通过在线平台向备案机关提交项目备案表并附具有关文件。其中,投资主体是中央管理企业的,由其集团公司或总公司向备案机关提交;投资主体是地方企业的,由其直接向备案机关提交。

项目备案表格式文本及附件清单由国家发展改革委发布。

第三十条 【备案受理】项目备案表和附件齐全、符合法定形式的,备案机关应当予以受理。

项目备案表或附件不齐全、项目备案表或附件不符合法定形式、项目不属于备案管理范围、项目不属于备案机关管理权限的，备案机关应当在收到项目备案表之日起5个工作日内一次性告知投资主体。逾期不告知的，自收到项目备案表之日起即为受理。

备案机关受理或不予受理项目备案表，都应当通过在线平台告知投资主体。投资主体需要受理或不予受理凭证的，可以通过在线平台自行打印或要求备案机关出具。

第三十一条　【备案时限】备案机关在受理项目备案表之日起7个工作日内向投资主体出具备案通知书。

备案机关发现项目违反有关法律法规、违反有关规划或政策、违反有关国际条约或协定、威胁或损害我国国家利益和国家安全的，应当在受理项目备案表之日起7个工作日内向投资主体出具不予备案书面通知，并说明不予备案的理由。

第四节　核准、备案的效力、变更和延期

第三十二条　【时间底线】属于核准、备案管理范围的项目，投资主体应当在项目实施前取得项目核准文件或备案通知书。

前款所称项目实施前，是指投资主体或其控制的境外企业为项目投入资产、权益(已按照本办法第十七条办理核准、备案的项目前期费用除外)或提供融资、担保之前。

第三十三条　【核准、备案效力】属于核准、备案管理范围的项目，投资主体未取得有效核准文件或备案通知书的，外汇管理、海关等有关部门依法不予办理相关手续，金融机构依法不予办理相关资金结算和融资业务。

第三十四条　【核准、备案的变更】已核准、备案的项目，发生下列情形之一的，投资主体应当在有关情形发生前向出具该项目核准文件或备案通知书的机关提出变更

申请：

（一）投资主体增加或减少，或投资主体在项目中的投资比例发生重大变化，或投资主体的实际控制人变更；

（二）投资地点发生重大变化；

（三）主要内容和规模发生重大变化；

（四）中方投资额变化幅度超过原核准、备案金额的20%，或中方投资额变化1亿美元及以上；

（五）需要对项目核准文件或备案通知书有关内容进行重大调整的其他情形。

核准机关应当在受理变更申请之日起20个工作日内做出是否同意变更核准的书面决定。备案机关应当在受理变更申请之日起7个工作日内做出是否同意变更备案的书面决定。

第三十五条 【核准文件、备案通知书有效期】核准文件、备案通知书有效期2年。确需延长有效期的，投资主体应当在有效期届满的30个工作日前向出具该项目核准文件或备案通知书的机关提出延长有效期的申请。

核准机关应当在受理延期申请之日起20个工作日内做出是否同意延长核准文件有效期的书面决定。备案机关应当在受理延期申请之日起7个工作日内做出是否同意延长备案通知书有效期的书面决定。

第三十六条 【核准、备案机关义务】核准、备案机关应当依法履行职责，严格按照规定权限、程序、时限等要求实施核准、备案行为，提高行政效能，提供优质服务。

第三十七条 【投资主体权利】对核准、备案机关实施的核准、备案行为，相关利害关系人有权依法申请行政复议或提起行政诉讼。

第三十八条 【核准、备案撤销】对不符合本办法规定条件的项目予以核准、备案，或违反本办法规定权限和程序予以核准、备案的，应当依法予以撤销。

第三十九条　【信息公开】核准、备案机关应当按照《政府信息公开条例》规定将核准、备案有关信息予以公开。

第四章　境外投资监管

第四十条　【协同监管】国家发展改革委和省级政府发展改革部门根据境外投资有关法律法规和政策,按照本办法第十三条、第十四条规定的分工,联合同级政府有关部门建立协同监管机制,通过在线监测、约谈函询、抽查核实等方式对境外投资进行监督检查,对违法违规行为予以处理。

第四十一条　【投资主管部门倡议】倡导投资主体创新境外投资方式、坚持诚信经营原则、避免不当竞争行为、保障员工合法权益、尊重当地公序良俗、履行必要社会责任、注重生态环境保护、树立中国投资者良好形象。

第四十二条　【无须核准、备案的大额非敏感类项目情况报告】投资主体通过其控制的境外企业开展大额非敏感类项目的,投资主体应当在项目实施前通过在线平台提交大额非敏感类项目情况报告表,将有关信息告知国家发展改革委。

投资主体提交的大额非敏感类项目情况报告表内容不完整的,国家发展改革委应当在收到之日起 5 个工作日内一次性告知投资主体需要补正的内容。逾期不告知的,视作内容完整。大额非敏感类项目情况报告表格式文本由国家发展改革委发布。

本办法所称大额非敏感类项目,是指中方投资额 3 亿美元及以上的非敏感类项目。

第四十三条　【重大不利情况报告】境外投资过程中发生外派人员重大伤亡、境外资产重大损失、损害我国与有关国家外交关系等重大不利情况的,投资主体应当在有关情况发生之日起 5 个工作日内通过在线平台提交重大不利情况报告表。重大不利情况报告表格式文本由国家发展改革委发布。

第四十四条　【项目完成情况报告】属于核准、备案管理范围的项目,投资主体应当在项目完成之日起的20个工作日内通过在线平台提交项目完成情况报告表。项目完成情况报告表格式文本由国家发展改革委发布。

前款所称项目完成,是指项目所属的建设工程竣工、投资标的股权或资产交割、中方投资额支出完毕等情形。

第四十五条 【重大事项问询和报告】国家发展改革委、省级政府发展改革部门可以就境外投资过程中的重大事项向投资主体发出重大事项问询函。投资主体应当按照重大事项问询函载明的问询事项和时限要求提交书面报告。

国家发展改革委、省级政府发展改革部门认为确有必要的,可以公示重大事项问询函及投资主体提交的书面报告。

第四十六条 【打印提交完成凭证】投资主体按照本办法第四十二条、第四十三条、第四十四条、第四十五条规定提交有关报告表或书面报告后,需要凭证的,可以通过在线平台自行打印提交完成凭证。

第四十七条 【风险提示】国家发展改革委、省级政府发展改革部门可以根据其掌握的国际国内经济社会运行情况和风险状况,向投资主体或利益相关方发出风险提示,供投资主体或利益相关方参考。

第四十八条 【诚信原则】投资主体应当对自身通过在线平台和线下提交的各类材料的真实性、合法性、完整性负责,不得有重大遗漏和虚假、误导性陈述。

第四十九条 【信用记录和联合惩戒】有关部门和单位、驻外使馆等发现企业违反本办法规定的,可以告知核准、备案机关。公民、法人或其他组织发现企业违反本办法规定的,可以据实向核准、备案机关举报。

国家发展改革委建立境外投资违法违规行为记录,公布并更新企业违反本办法规定的行为及相应的处罚措施,将有关信息纳入全国信用信息共享平台、国家企业信用信息公示系统、“信用中国”网站等进行公示,会同有关部门和单位实施联合惩戒。

第五章　法律责任

第五十条　【行政处分和刑事处罚】国家发展改革委工作人员有下列行为之一的,责令其限期改正,并依法追究有关责任人的行政责任;构成犯罪的,依法追究刑事责任:

(一)滥用职权、玩忽职守、徇私舞弊、索贿受贿的;

(二)违反本办法规定程序和条件办理项目核准、备案的;

(三)其他违反本办法规定的行为。

第五十一条　【惩戒恶意分拆、虚假申报等】投资主体通过恶意分拆项目、隐瞒有关情况或提供虚假材料等手段申请核准、备案的,核准、备案机关不予受理或不予核准、备案,对投资主体及主要责任人处以警告。

第五十二条　【惩戒欺骗、贿赂等】投资主体通过欺骗、贿赂等不正当手段取得项目核准文件或备案通知书的,核准、备案机关应当撤销该核准文件或备案通知书,对投资主体及主要责任人处以警告;构成犯罪的,依法追究刑事责任。

第五十三条　【惩戒擅自实施、不按规定办理变更等】属于核准、备案管理范围的项目,投资主体有下列行为之一的,由核准、备案机关责令投资主体中止或停止实施该项目并限期改正,对投资主体及有关责任人处以警告;构成犯罪的,依法追究刑事责任:

(一)未取得核准文件或备案通知书而擅自实施的;

(二)应当履行核准、备案变更手续而未履行的。

第五十四条　【惩戒应报告而未报告等】投资主体有下列行为之一的,由国家发展改革委或投资主体注册地的省级政府发展改革部门责令投资主体限期改正,对投资主体及有关责任人处以警告:

(一)未按本办法第四十二条、第四十三条、第四十四条、第四十五条规定报告有关信息的；

（二）违反本办法第四十八条规定的。

第五十五条 【惩戒不正当竞争】投资主体在境外投资过程中实施不正当竞争行为、扰乱境外投资市场秩序的，由国家发展改革委或投资主体注册地的省级政府发展改革部门责令投资主体中止或停止开展该项目并限期改正，对投资主体及主要责任人处以警告。

第五十六条 【惩戒威胁或损害国家利益和国家安全】境外投资威胁我国国家利益和国家安全的，由国家发展改革委或投资主体注册地的省级政府发展改革部门责令投资主体中止实施项目并限期改正。

境外投资损害我国国家利益和国家安全的，由国家发展改革委或投资主体注册地的省级政府发展改革部门责令投资主体停止实施项目、限期改正并采取补救措施，对投资主体及有关责任人处以警告；构成犯罪的，依法追究刑事责任。

投资主体按照本办法第四十三条规定及时提交重大不利情况报告并主动改正的，可以减轻或免除本条规定的行政处罚。

第五十七条 【惩戒违规提供融资】金融机构为属于核准、备案管理范围但未取得核准文件或备案通知书的项目提供融资、担保的，由国家发展改革委通报该违规行为并商请有关金融监管部门依法依规处罚该金融机构及有关责任人。

第六章 附 则

第五十八条 【授权性规定】各省级政府发展改革部门要加强对本地企业境外投资的指导、服务和监管，可以按照本办法的规定制定具体实施办法。

第五十九条 【指导和监督】国家发展改革委对省级政府发展改革部门的境外投资管理工作进行指导和监督，对发现的问题及时予以纠正。

第六十条 【保密义务】核准、备案机关及其工作人员，以及被核准机关征求意见、受核准机关委托进行评估的单位及其工作人员,依法对投资主体根据本办法提交的材料负有保守商业秘密的义务。

第六十一条 【准用性规定】事业单位、社会团体等非企业组织对境外开展投资参照本办法执行。

第六十二条 【准用性规定】投资主体直接或通过其控制的企业对香港、澳门、台湾地区开展投资的,参照本办法执行。

投资主体通过其控制的香港、澳门、台湾地区企业对境外开展投资的,参照本办法执行。

第六十三条 【准用性规定】境内自然人通过其控制的境外企业或香港、澳门、台湾地区企业对境外开展投资的,参照本办法执行。

境内自然人直接对境外开展投资不适用本办法。境内自然人直接对香港、澳门、台湾地区开展投资不适用本办法。

第六十四条 【遵从上位法】法律、行政法规对境外投资管理有专门规定的,从其规定。

第六十五条 【解释权】本办法由国家发展改革委负责解释。

第六十六条 【施行日期】本办法自×年×月×日起施行。《境外投资项目核准和备案管理办法》(国家发展和改革委员会令第 9 号)同时废止。

国家税务总局关于创业投资企业和天使投资个人税收试点政策有关问题的公告

(国家税务总局公告 **2017** 年第 **20** 号)

为贯彻落实《财政部 税务总局关于创业投资企业和天使投资个人有关税收试

点政策的通知》(财税〔2017〕38号,以下简称《通知》),现就创业投资企业和天使投资个人税收试点政策有关问题公告如下:

一、相关政策执行口径

(一)《通知》第一条所称满2年是指公司制创业投资企业(以下简称"公司制创投企业")、有限合伙制创业投资企业(以下简称"合伙创投企业")和天使投资个人投资于种子期、初创期科技型企业(以下简称"初创科技型企业")的实缴投资满2年,投资时间从初创科技型企业接受投资并完成工商变更登记的日期算起。

(二)《通知》第二条第(一)项所称研发费用总额占成本费用支出的比例,是指企业接受投资当年及下一纳税年度的研发费用总额合计占同期成本费用总额合计的比例。

(三)《通知》第三条第(三)项所称出资比例,按投资满2年当年年末各合伙人对合伙创投企业的实缴出资额占所有合伙人全部实缴出资额的比例计算。

(四)《通知》所称从业人数及资产总额指标,按照初创科技型企业接受投资前连续12个月的平均数计算,不足12个月的,按实际月数平均计算。具体计算公式如下:

月平均数=(月初数+月末数)÷2

接受投资前连续12个月平均数=接受投资前连续12个月平均数之和÷12

(五)法人合伙人投资于多个符合条件的合伙创投企业,可合并计算其可抵扣的投资额和分得的所得。当年不足抵扣的,可结转以后纳税年度继续抵扣;当年抵扣后有结余的,应按照企业所得税法的规定计算缴纳企业所得税。

所称符合条件的合伙创投企业既包括符合《通知》规定条件的合伙创投企业,也包括符合《国家税务总局关于有限合伙制创业投资企业法人合伙人企业所得税有关问题的公告》(国家税务总局公告2015年第81号)规定条件的合伙创投企业。

二、备案程序和资料

(一)公司制创投企业

公司制创投企业应在年度申报享受优惠时,向主管税务机关办理备案手续,备案时报送《企业所得税优惠事项备案表》及发展改革或证监部门出具的符合创业投资企业条件的年度证明材料复印件。同时将以下资料留存备查:

1. 发展改革或证监部门出具的符合创业投资企业条件的年度证明材料;

2. 初创科技型企业接受现金投资时的投资合同(协议)、章程、实际出资的相关证明材料;

3. 创业投资企业与其关联方持有初创科技型企业的股权比例的说明;

4. 被投资企业符合初创科技型企业条件的有关资料:

(1)接受投资时从业人数、资产总额、年销售收入和大学本科以上学历的从业人数比例的情况说明;

(2)接受投资时设立时间不超过 5 年的证明材料;

(3)接受投资时以及接受投资后 2 年内未在境内外证券交易所上市情况说明;

(4)研发费用总额占成本费用总额比例的情况说明。

(二)合伙创投企业及其法人合伙人

1. 合伙创投企业法人合伙人符合享受优惠条件的,合伙创投企业应在投资初创科技型企业满 2 年的年度以及分配所得的年度终了后 3 个月内向合伙创投企业主管税务机关报送《合伙创投企业法人合伙人所得分配情况明细表》(附件 1)。

2. 法人合伙人应在年度申报享受优惠时,向主管税务机关办理备案手续,备案时报送《企业所得税优惠事项备案表》。同时将法人合伙人投资于合伙创投企业的出资时间、出资金额、出资比例及分配比例的相关证明材料、合伙创投企业主管税务机关受理后的《合伙创投企业法人合伙人所得分配情况明细表》及其他有关资料留存备查。留存备查的其他资料同公司制创投企业。

（三）合伙创投企业及其个人合伙人

1. 合伙创投企业应在投资初创科技型企业满2年的年度终了3个月内，向合伙创投企业主管税务机关办理备案手续，备案时应报送《合伙创投企业个人所得税投资抵扣备案表》（附件2），同时将有关资料留存备查（备查资料同公司制创投企业）。合伙企业多次投资同一初创科技型企业的，应按年度分别备案。

2. 合伙创投企业应在投资初创科技型企业满2年后的每个年度终了3个月内，向合伙创投企业主管税务机关报送《合伙创投企业个人所得税投资抵扣情况表》（附件3）。

3. 个人合伙人的个人所得税年度申报，应将当年允许抵扣的投资额填至《个人所得税生产经营所得纳税申报表（B表）》"允许扣除的其他费用"栏，并同时标明"投资抵扣"字样。

其中，2017年度投资初创科技型企业满2年的合伙创投企业个人合伙人，在办理年度个人所得税纳税申报时，以其符合条件的投资额的70%抵扣个人合伙人当年自合伙创投企业分得的经营所得。

（四）天使投资个人

1. 投资抵扣备案。天使投资个人应在投资初创科技型企业满24个月的次月15日内，与初创科技型企业共同向初创科技型企业主管税务机关办理备案手续。备案时应报送《天使投资个人所得税投资抵扣备案表》（附件4）、天使投资个人身份证件等相关资料。被投资企业符合初创科技型企业条件有关资料留存企业备查，备查资料同公司制创投企业留存备查资料的第2项和第4项。多次投资同一初创科技型企业的，应分次备案。

2. 投资抵扣申报

（1）天使投资个人转让未上市的初创科技型企业股权，按照《通知》规定享受投资抵扣税收优惠时,应于股权转让次月 15 日内,向主管税务机关报送《天使投资个人所得税投资抵扣情况表》(附件 5)。同时,天使投资个人还应一并提供投资初创科技型企业后税务机关受理的《天使投资个人所得税投资抵扣备案表》。

其中,天使投资个人转让初创科技型企业股权需同时抵扣前 36 个月内投资其他注销清算初创科技型企业尚未抵扣完毕的投资额的,申报时应一并提供注销清算企业主管税务机关受理登记并注明注销清算等情况的《天使投资个人所得税投资抵扣备案表》,及前期享受投资抵扣政策后税务机关受理的《天使投资个人所得税投资抵扣情况表》。

接受投资的初创科技型企业,应在天使投资个人转让股权纳税申报时,向扣缴义务人提供相关信息。

(2)天使投资个人投资初创科技型企业满足投资抵扣税收优惠条件后,初创科技型企业在上海证券交易所、深圳证券交易所上市的,天使投资个人在转让初创科技型企业股票时,有尚未抵扣完毕的投资额的,应向证券机构所在地主管税务机关办理限售股转让税款清算,抵扣尚未抵扣完毕的投资额。清算时,应提供投资初创科技型企业后税务机关受理的《天使投资个人所得税投资抵扣备案表》和《天使投资个人所得税投资抵扣情况表》。

3. 被投资企业发生个人股东变动或者个人股东所持股权变动的,应在次月 15 日内向主管税务机关报送含有股东变动信息的《个人所得税基础信息表(A 表)》。对天使投资个人,应在备注栏标明“天使投资个人”字样。

4. 天使投资个人转让股权时,扣缴义务人、天使投资个人应将当年允许抵扣的投资额填至《扣缴个人所得税报告表》或《个人所得税自行纳税申报表(A 表)》“税前扣除项目”的“其他”栏,并同时标明“投资抵扣”字样。

5. 天使投资个人投资的初创科技型企业注销清算的,应及时持《天使投资个人所得税投资抵扣备案表》到主管税务机关办理情况登记。

三、其他事项

（一）税务机关在公司制创投企业、合伙创投企业合伙人享受优惠政策后续管理中，对初创科技型企业是否符合规定条件有异议的，可以转请初创科技型企业主管税务机关提供相关资料，主管税务机关应积极配合。

（二）创业投资企业、合伙创投企业合伙人、天使投资个人、初创科技型企业提供虚假情况、故意隐瞒已投资抵扣情况或采取其他手段骗取投资抵扣，不缴或者少缴应纳税款的，按税收征管法有关规定处理。

（三）公司制创投企业及合伙创投企业法人合伙人申报享受税收优惠政策，备案资料和留存备查资料按照本公告第二条有关规定执行，其他备案管理要求按照《国家税务总局关于发布〈企业所得税优惠政策事项办理办法〉的公告》（国家税务总局公告2015年第76号）的规定执行。

四、执行时间

本公告企业所得税有关规定适用于2017年及以后年度企业所得税汇算清缴，个人所得税有关规定自2017年7月1日起执行。

特此公告。

附件：1. 合伙创投企业法人合伙人所得分配情况明细表

2. 合伙创投企业个人所得税投资抵扣备案表

3. 合伙创投企业个人所得税投资抵扣情况表

4. 天使投资个人所得税投资抵扣备案表

5. 天使投资个人所得税投资抵扣情况表

国家税务总局

2017年5月22日

关于发布《私募投资基金服务业务管理办法(试行)》的通知

各私募投资基金管理人、私募投资基金服务机构:

为促进私募基金行业健康发展,规范私募基金服务业务,保护基金投资者权益,根据《中华人民共和国证券投资基金法》《私募投资基金监督管理暂行办法》有关规定,中国证券投资基金业协会(以下简称协会)起草了《私募投资基金服务业务管理办法(试行)》(以下简称《服务办法》),经协会理事会表决通过,现予以发布,自发布之日起实施,原协会《基金业务外包服务指引(试行)》同时废止。现将有关事项通知如下:

一、关于私募投资基金服务机构登记

申请开展私募基金份额登记、估值核算、信息技术系统服务的机构,应参照《服务办法》第八条和第九条的要求,通过"私募基金服务业务登记系统"填报登记材料,系统路径为 http://fo. amac. org. cn。

因系统改造需要,2017 年 5 月 2 日,协会将正式公布系统填报说明材料,并开放系统填报功能。原"基金业务外包服务备案系统"中填报资料的申请机构应按照新系统要求重新填报。

二、关于法律意见书

申请机构应当根据《私募投资基金服务机构法律意见书指引》(附件 3)的要求,在登记系统中上传法律意见书。对于已经完成备案的服务机构,应当按照《服务办法》和法律意见书指引的要求对本机构业务合规性进行梳理,并于 4 月 30 日之前向协会(fo@ amac. org. cn)提交合规性自查报告。

三、过渡期安排

《服务办法》实施之前,从事私募基金份额登记、估值核算、信息技术系统服务,且未在协会完成服务机构登记的，应自系统开放登记之日起六个月内，按照《服务办法》的有关要求完成登记，期间不得新增私募基金有关服务业务。

特此通知。

中国证券投资基金业协会
二〇一七年三月一日

附件

私募投资基金服务业务管理办法（试行）

第一章　总　则

第一条　【立法依据】为促进私募投资基金（以下简称私募基金）行业健康发展，规范私募基金服务业务，保护投资者及相关当事人合法权益，根据《中华人民共和国证券投资基金法》《私募投资基金督管理暂行办法》等有关规定，制定本办法。

第二条　【适用范围】私募基金管理人委托私募基金服务机构（下简称服务机构），为私募基金提供基金募集、投资顾问、份额登记估值核算、信息技术系统等服务业务，适用本办法。服务机构开展私募基金服务业务及私募基金管理人、私募基金托管人就其参与私募基金服务业务的环节适用本办法。

私募基金管理人应当委托在中国证券投资基金业协会（以下简称协会）完成登记并已成为协会会员的服务机构提供私募基金服务业务私募基金管理人委托服务机构从事私募基金募集、投资顾问等业务相关规定，由协会另行规定。

第三条　【服务机构权利义务】服务机构及其从业人员从事私募基金服务业务，应当遵循有关法律法规和行业规范，依照服务协议、作备忘录或各方认可的其他法律文本的约定,诚实信用、勤勉尽责恪尽职守,防止利益冲突,保护私募基金财产和投资者财产安全,维护投资者合法权益。

服务机构不得将已承诺的私募基金服务业务转包或变相转包。

第四条　【财产独立】私募基金服务所涉及的基金财产和投资者财产应当独立于服务机构的自有财产。服务机构破产或者清算时,私募基金服务所涉及的基金财产和投资者财产不属于其破产或清算财产。

第五条　【管理人权利义务】私募基金管理人委托服务机构开展业务,应当制定相应的风险管理框架及制度,并根据审慎经营原则制定业务委托实施规划,确定与其经营水平相适宜的委托服务范围私募基金管理人委托服务机构开展服务前,应当对服务机构开展尽职调查,了解其人员储备、业务隔离措施、软硬件设施、专业能力诚信状况等情况;并与服务机构签订书面服务协议,明确双方的权利义务及违约责任。

私募基金管理人应当对服务机构的运营能力和服务水平进行持续关注和定期评估。私募基金管理人委托服务机构提供私募基金服务的,私募基金管理人依法应当承担的责任不因委托而免除。

第六条　【行业自律】协会依据法律法规和自律规则,对服务机构及其私募基金服务业务进行自律管理。

第二章　服务机构的登记

第七条　【风险提示】协会为服务机构办理登记不构成对服务机构服务能力、持续合规情况的认可,不作为对基金财产和投资者财产安全的保证。服务机构在协会完成登记之后连续 6 个月没有开展基金服务业务的,协会将注销其登记。

第八条　【登记要求】申请开展私募基金份额登记服务、基金估值核算服务、信息技术系统服务的机构,应当具备下列条件:

(一)经营状况良好,其中开展私募基金份额登记服务和信息技术系统服务的机构实缴资本不低于人民币5 000万元；

（二）公司治理结构完善，内部控制有效；

（三）经营运作规范，最近3年内无重大违法违规记录；

（四）组织架构完整，设有专门的服务业务团队和分管服务业务的高管，服务业务团队的设置能够保证业务运营的完整与独立，服务业务团队有满足营业需要的固定场所和安全防范措施；

（五）配备相应的软硬件设施，具备安全、独立、高效、稳定业务技术系统，且所有系统已完成包括协会指定的中央数据交换在内的业务联网测试；

（六）负责私募基金服务业务的部门负责人、独立第三方服务机构的法定代表人等应当具备基金从业资格。所有从业人员应当自从事私募基金服务业务之日起6个月内具备基金从业资格，并参加后续执业培训；

（七）申请机构应当评估业务是否存在利益冲突并设置相应的火墙制度；

（八）申请机构的信息技术系统应当符合法律法规、中国证监会及协会的规定及相关标准，建立网络隔离、安全防护与应急处理等风险管理制度和灾难备份系统；

（九）申请开展信息技术服务的机构应当具有国家有关部门规定的资质条件或者取得相关资质认证，拥有同类应用服务经验，具有开展业务所有需要的人员、设备、技术、知识产权以及良好的安全运营记录等条件；

（十）协会规定的其他条件。

第九条 【登记材料】申请登记的机构提交的材料包括但不限于；

（一）诚信及合法合规承诺函；

（二）内控管理制度、业务隔离措施以及应急处理方案；

（三）信息系统配备情况及系统运行测试报告；

（四）私募基金服务业务团队设置和岗位职责规定及包括分管领导、业务负责人、业务人员等在内的人员基本情况；

(五)与私募基金管理人签订的约定双方权利义务的服务协议或意向合作协议清单；

(六)涉及募集结算资金的,应当包括相关账户信息、募集销售结算资金安全保障机制的说明材料,以及协会指定的中央数据交换平台的测试报告等；

(七)法律意见书；

(八)开展私募基金服务业务的商业计划书；

(九)协会规定的其他材料。

第十条　【登记流程】登记材料不完备或不符合规定的,协会告知需要补正的内容。服务机构提交的登记材料完备且登记材料符合要求的,协会自受理之日起 2 个月内出具登记函并公示。

第三章　基本业务规范

第十一条　【协议签署】私募基金管理人与服务机构应当依据基金合同签订书面服务协议。协议应当至少包括以下内容:服务范围、服务内容、双方的权利和义务、收费方式和业务费率、保密义务等。基金合同约定外,服务费用应当由私募基金管理人自行支付。

第十二条　【备忘录签署】私募基金管理人、私募基金托管人、服务机构、经纪商等相关方,应当就账户信息、交易数据、估值对账数据、电子划款指令、投资者名册等信息的交互时间及交互方式、对接人员、对接方式、业务实施方案、应急预案等内容签订操作备忘录或各方认可的其他法律文本,对私募基金服务事项进行单独约定。其中数据交互应当遵守协会的相关标准。

第十三条　【公平竞争】服务机构在开展业务过程中应当执行贯彻国家有关反不正当竞争行为的各项规定,设定合理、清晰的费用结构和费率标准,不得以低于成本的收费标准提供服务。

第十四条 【基金财产和投资者财产安全】服务机构应当对提供服务业务所涉及的基金财产和投资者财产实行严格的分账管理,确保基金财产和投资者财产的安全,任何单位或者个人不得以任何形式挪基金财产和投资者财产。

第十五条 【风险防范】服务机构应当具备开展服务业务的营运力和风险承受能力,审慎评估私募基金服务的潜在风险与利益冲突建立严格的防火墙制度与业务隔离制度,有效执行信息隔离等内部制制度,切实防范利益输送。

第十六条 【基金服务与托管隔离】私募基金托管人不得被委托担任同一私募基金的服务机构,除该托管人能够将其托管职能和基金服务职能进行分离,恰当的识别、管理、监控潜在的利益冲突,并披露给投资者。

第十七条 【档案管理】服务机构应当建立健全档案管理制度,妥善保管服务所涉及的资料。服务机构提供份额登记服务的,登记数据保存期限自基金账户销户之日起不得少于20年。

第十八条 【专项审计】服务机构每年应当聘请具有证券业务资格的会计师事务所对私募基金服务业务的内部控制与业务实施情况进行审计并出具审计报告。经国务院金融监督管理机构核准的金融机构每年可以选择由该机构内部审计部门出具私募基金服务业务评估报告。

第十九条 【责任分担】服务机构在开展业务的过程中,因违法违规、违反服务协议、技术故障、操作错误等原因给基金财产造成的损失,应当由私募基金管理人先行承担赔偿责任。私募基金管理人再按照服务协议约定与服务机构进行责任分配与损失追偿。

第四章 基金份额登记服务业务规范。

第二十条 【基本职责】从事私募基金份额登记服务的机构(以下简称基金份额

登记机构)的基本职责包括:建立并管理投资者的基金账户、负责基金份额的登记及资金结算、基金交易确认、代理发放红利、保管投资者名册、法律法规或服务协议规定的其他职责。基金份额登记机构登记的数据,是投资者权利归属的根据。

第二十一条 【募集结算资金】基金募集结算资金是指由基金募集机构归集的,基金份额登记机构进行资金清算,在合格投资者资金账户与基金财产资金账户或托管资金账户之间划转的往来资金。

第二十二条 【资金账户安全保障】基金募集结算资金专用账户包括募集机构开立的募集结算资金归集账户和基金份额登记机构开立的注册登记账户。基金募集结算资金专用账户应当由监督机构负责实施有效监督,监督协议中应当明确监督机构保障投资者资金安全的连带责任条款。其中,监督机构指中国证券登记结算有限责任公司、取得基金销售业务资格的商业银行、证券公司、公募基金管理公司以及协会规定的其他机构。监督机构和服务机构为同一机构的,应当做好内部风险防范。私募基金管理人应当向协会报送私募基金募集结算资金专用账户及其监督机构信息。

第二十三条 【内部控制机制】基金份额登记机构和监督机构应建立健全内部控制机制,将划款指令的生成与复核相分离,对系统重要参数的设置和修改建立多层审核机制,切实保障募集结算资金安全。

第二十四条 【基金账户开立要求】基金份额登记机构办理账户类业务(如开立、变更、销户等)时,应当就投资者信息的真实性和准性与募集机构进行书面约定。投资者是其他基金的,基金份额登记机构应当与募集机构约定采取将该基金的托管资金账户或者专门的基金财产资金账户作为收付款的唯一指定账户等方式保障投资者财产安全。

第二十五条 【份额确认】基金份额登记机构应当根据募集机构提供的认购、申购、认缴、实缴、赎回、转托管等数据和自身资金结算结果,办理投资者名册的初始登记或者变更登记。基金份额登记机构应当向私募基金托管人提供投资者名册。

第二十六条 【资金交收风险】基金份额登记机构在进行份额登记时,如果与资金交收存在时间差,应当充分评估资金交收风险。法律授权下执行担保交收的,应当动态评估交收风险,提取足额备付金在非担保交收的情况下,应当与管理人或管理人授权的募集机构书面约定资金交收过程中不得截留、挪用交易资金或者将资金做内部非法轧差处理,以及在发生损失情况下的责任承担。

第二十七条 【募集结算资金划付】基金份额登记机构应当严格按照服务协议约定的资金交收路径进行募集结算资金划付。募集结算资金监督机构未按照约定进行汇款或提交正确的汇款指令,基金份额登记机构应当拒绝操作执行。

第二十八条 【份额变更】基金份额以协议继承、捐赠、强制执行转让等方式发生变更的,基金份额登记机构应当在募集机构履行合格投资者审查、反洗钱等义务的基础上,根据相关法律证明文件及资金清算结果,结合自身业务规则变更基金账户余额,相应办理投资者名册的变更登记。

第二十九条 【关于计提业绩报酬】基金合同约定由基金份额登记机构负责计提业绩报酬的,基金份额登记机构应当保证业绩报酬计算过程及结果的准确性,不得损害投资者利益。

第三十条 【数据备份】基金份额登记机构应当妥善保存登记数据并根据协会的规定将投资者名称、身份信息及基金份额明细等数据在发生变更的T+1日内备份至协会指定数据备份平台。

第三十一条 【自行办理份额登记】私募基金管理人自行办理份额登记业务的,应当参考本章规定执行。

第五章 基金估值核算服务业务规范

第三十二条 【基本职责】从事私募基金估值核算服务的机构(下简称基金估值

核算机构)的基本职责包括:开展基金会计核算、估值、报表编制,相关业务资料的保存管理,配合私募基金管理人聘请的会计师事务所进行审计以及法律法规及服务协议规定的其他职责。

第三十三条　【估值依据】基金估值核算机构开展估值核算服务应当遵守《企业会计准则》、《证券投资基金会计核算业务指引》以及协会的估值规则等相关法律法规的规定。基金估值核算机构应当按照基金合同和服务协议规定的估值方法、估值频率、估值流程对基金财产进行估值核算。

第三十四条　【估值频率】基金估值核算机构应当至少保证在开放式基金申赎,封闭式基金扩募、增减资等私募基金份额(权益)发生变化时进行估值。

第三十五条　【与托管人对账】基金估值核算机构应当按照服务协议、操作备忘录或各方认可的其他法律文本的约定与私募基金托管人核对账务,由私募基金托管人对估值结果进行复核。

第三十六条　【差错处理】当份额净值计算出现错误时,基金估值核算机构应当及时纠正,采取合理措施防止损失进一步扩大,并根据服务协议约定通知私募基金管理人依法履行披露及报告义务。

第三十七条　【信息披露】基金估值核算机构应当配合私募基金理人按照服务协议的约定,及时、准确地披露基金产品净值,编制和提供定期报告等基金产品运作信息。

第三十八条　【附属服务】在协会完成基金估值核算登记的服务机构可以提供基金绩效分析、数据报送支持等附属服务。

第六章　信息技术系统服务业务规范

第三十九条　【信息技术系统服务定义】信息技术系统服务是指为私募基金管理人、私募基金托管人和其他服务机构提供私募基金业务核心应用系统、信息系统运营维护及安全保障等服务。其中,私募基金业务核心应用系统包括销售系统、投资交易管理系统、份额登记统、资金清算系统、估值核算系统等。

第四十条 【提供系统要求】服务机构提供基金业务核心应用系统的,不得从事与其所提供系统相对应的私募基金服务业务,不得直接进行相关业务操作,可以提供信息系统运营维护及安全保障等服务。

第四十一条 【风控要求】提供投资交易管理系统的服务机构应保证单只基金开立独立证券账户,单个证券账户不得下设子账户、分账户、虚拟账户;不得直接进行投资业务操作,不得代为行使私募基金管理人的平仓和交易职责。

第四十二条 【风控检查】提供投资交易管理系统的服务机构应建立公平交易机制,公平对待同一私募基金管理人管理的私募基金及不同私募基金管理人管理的私募基金,防范私募基金之间进行利益输送。指令在发送到交易场所之前应当经过投资交易管理系统的风控检查,不得绕过风控检查直接下单到交易场所。

第四十三条 【销售系统服务要求】提供销售系统的服务机构应与私募基金管理人签署书面服务协议明确双方的权利和义务。销售系统涉及基金电子合同平台的,私募基金管理人在基金募集中应依法承担的投资者适当性和真实性核查等责任不因签署电子合同平台的外包协议而免除。

第四十四条 【接口管理】服务机构提供核心应用系统的,应当保证数据通讯接口符合中国证监会及协会颁布的接口规范标准要求;无接口规范标准的,数据接口应当具备可兼容性,不得随意变更。服务机构应当向客户提供开发接口和完整的数据库表结构设计,开发接应当能够覆盖客户的全部数据读写。

第四十五条 【执行程序和源代码的安全】服务机构应当对信息技术系统相关的执行程序和源代码设置有效的安全措施,切实保障执行程序和源代码的安全。在所有信息技术系统发布前对执行程序和源代码进行严格的审查和充分的测试,并积极协助客户进行上线前的验收工作。

第四十六条 【信息技术系统架构】信息技术系统架构设计应当实现接入层、网络层、应用层分离,方便进行网络防火墙建设管理。信息技术系统架构应当能够支持系统负载均衡和性能线性扩张,通过增加硬件设备可以简单实现产品性能的扩充。

第四十七条 【信息技术系统管理】服务机构应当保证其信息技术系统有足够的业务容量和技术容量,并能够满足市场可能出现的峰值压力需求,并根据市场的发展变化和客户的需求及时提供系统的升级维护服务。服务机构应当对信息技术系统缺陷实施应急管理机制,一旦发现缺陷,应当立即通知信息技术系统使用人并及时提供解决方案。

第四十八条 【数据安全】服务机构应当确保其主要业务信息系统持续稳定运行,其中涉及核心业务处理的信息系统应当部署在中华人民共和国境内,并配合监管部门、司法机关现场检查及调查取证服务机构在业务开展过程中所获取的客户信息,业务资料等数据的存储与备份应当在中华人民共和国境内完成,相关数据的保密管理应当符合国家相关规定。服务机构及其从业人员应当恪尽职守,保护客户隐私,严守客户机密。

第七章 自律管理

第四十九条 【报告义务】服务机构应当在每个季度结束之日起 15 个工作日内向协会报送服务业务情况表,每个年度结束之日起三个月内向协会报送运营情况报告。服务机构应当在每个年度结束之起四个月内向协会报送审计报告。服务机构的注册资本、注册地址法定代表人、分管基金服务业务的高级管理人员等重大信息发生变更的,应当自变更发生之日起 10 个工作日内向协会更新登记信息。

独立第三方服务机构通过一次或多次股权变更,整体构成变更持股 5% 以上股东或变更股东持股比例超过 5% 的,应当及时向协会报告整体构成变更持股 20% 以上股东或变更股东持股比例超过 20%，或际控制人发生变化的，应当自董事会或者股东(大)会做出决议之起 10 个工作日内向协会提交重大信息变更申请。

发生重大事件时，私募基金管理人、私募基金托管人、服务机构应当及时向协会报告。关于服务机构需要报送的投资者信息和产品运作信息的规范，由协会另行规定。

第五十条 【协会职责】协会对服务机构从事私募基金服务业务进行定期或者不定期的现场和非现场自律检查，服务机构应当予以配合。

第五十一条 【投诉举报】私募基金管理人、托管人可以按照规定向协会投诉或举报服务机构及其从业人员的违规行为。服务机构可以按照规定向协会投诉或举报私募基金管理人、托管人及其从业人员的违规行为。

第五十二条 【一般违规责任】服务机构违反本办法第二章第七条至第十条、第三章第十一条至第十三条、第十七条至第十九条、章第二十条、第二十四条、第二十五条、第二十八条至第三十一条第五章第三十二条、第三十四条至第三十八条、第六章第四十三条至第四十七条、第七章第四十九条第一款、第三款的规定，协会可以要求服务机构限期改正。逾期未改正的，协会可以视情节轻重对服务机构主要负责人采取谈话提醒、书面警示、要求强制参加培训、行业谴责、加入黑名单等纪律处分。

第五十三条 【严重违规责任】服务机构违反本办法第三章第十条至第十六条、第四章第二十一条至第二十三条、第二十六条及第二十七条、第五章第三十三条、第六章第四十条至第四十二条、第四十八条、第四十九条第二款的规定，协会可视情节轻重对服务机构采取公开谴责、暂停办理相关业务、撤销服务机构登记或取消会员资格等纪律处分；对服务机构主要负责人，协会可采取加入黑名单、公开谴责、暂停或取消基金从业资格等纪律处分，并加入诚信档案。

第五十四条 【多次违规处分】一年之内服务机构两次被要求限期改正，服务机构主要负责人两次被采取谈话提醒、书面警示等纪律处分的,协会可对其采取加入黑名单、公开谴责等纪律处分;服务机构及其主要负责人在两年之内两次被采取加入黑名单、公开谴责等纪律处分的,协会可以采取撤销服务机构登记或取消会员资格,暂停或取消服务机构主要负责人基金从业资格等纪律处分。

第五十五条　【诚信记录】服务机构及其从业人员因违规行为被协会采取相关纪律处分的,协会可视情节轻重计入诚信档案。

第五十六条　【行政与刑事责任】服务机构及其从业人员涉嫌违反法律、行政法规、证监会有关规定的,移送中国证监会或司法机关处理。

第八章　附　则

第五十七条　【适用】服务机构为证券期货经营机构私募资产管理计划提供服务业务的,适用本办法。

第五十八条　【生效】本规范自公布之日起实施,原《基金业务外包服务指引(试行)》同时废止。

第五十九条　【解释】本办法由协会负责解释。

第 五 部 分

北京股权投资基金协会会员名录

北京股权投资基金协会会员名录

表1 北京股权投资基金协会会员名录

序号	机构名称	机构类型	联系方式
1	鼎晖投资	PE/VC	地址:朝阳区东三环中路5号楼财富金融中心25层 传真:86－10－8507－6999 网址:www. cdhfund. com
2	宽带资本	PE	地址:北京市朝阳区日坛北路日坛公园具服殿 电话:86－10－8563－5888 传真:86－10－8563－5678 网址:www. cbc－capital. com
3	弘毅投资	PE	地址:北京市海淀区科学院南路2号融科资讯中心C座南楼6层 电话:86－10－8265－5888 传真:86－10－8265－5800 网址:www. honycapital. com
4	北京科桥投资顾问有限公司	PE	地址:北京市西城区金融大街19号富凯大厦B座9层 电话:86－10－6657－5509 传真:86－10－6657－5513 网址:www. co－bridgecapital. com
5	红杉资本中国基金	PE/VC	地址:北京市朝阳区建国路77号华贸中心3号写字楼3606 电话:86－10－8447－5668 传真:86－10－8447－5669 网址:www. sequoiacap. cn
6	中信资本	另类投资	地址:中国北京市朝阳区新源南路8号启皓北京东塔9层 电话:86－10－5802－3999 传真:86－10－6582－0521 网址:www. citiccapital. com
7	中信产业基金	PE	地址:北京市东城区金宝街89号金宝大厦10层 电话:86－10－8507－9000 传真:86－10－8522－1872 网址:www. citicpe. com

续表

序号	机构名称	机构类型	联系方式
8	新天域资本 New Horizon Capital	PE	地址:北京市东城区金宝街89号金宝大厦9层903室 电话:86-10-8593-5566 传真:86-10-8593-5567 网址:www. nhfund. com
9	深圳市创新投资集团有限公司	VC	地址:广东省深圳市福田中心区深南大道4009号投资大厦11层 电话:0755-8291-2888 传真:0755-8291-2880 网址:www. szvc. com. cn
10	中科招商集团 CSC GROUP	PE/VC	地址:北京市朝阳区裕民路12号中国国际科技会展中心C座2层 电话:86-10-6206-2210 传真:86-10-6206-0950 网址:www. leadvc. com
11	IDG资本	VC	地址:北京建国门内大街8号中粮广场A座6层 电话:86-10-6526-6655 传真:86-10-6526-0700 网址:www. idgvc. com
12	元禾控股	PE/VC	地址:中国江苏苏州工业园区苏虹东路183号东沙湖股权投资中心19幢 电话:86-512-6696-9999 传真:86-512-6696-9998 网址:www. oriza. com. cn
13	云月投资	PE	地址:上海市静安区石门一路288号 电话:86-21-6120-2080 传真:86-21-6120-2060 网址:www. lunarcapital. com
14	北京亦庄国际投资发展有限公司	PE	地址:北京经济技术开发区景园北街2号BDA国际企业大道61栋 电话:86-10-8716-2565 网址:www. etowncapital. com
15	北京市文化中心建设发展基金管理有限公司	PE	地址:北京市朝阳区将台路甲2号诺金中心20层 电话:86-10-5682-6999 传真:86-10-5682-6998 网址:www. bccf. com. cn

续表

序号	机构名称	机构类型	联系方式
16	北京首钢基金有限公司	PE/VC	地址:北京市石景山区石景山路 20 号中铁建设大厦 14 层 电话:86 - 10 - 5239 - 3988 传真:86 - 10 - 6863 - 0200 网址:www. shougang. com. cn
17	上海中城联盟投资管理有限公司	PE	地址:上海市虹桥路 500 号中城国际大厦 电话:86 - 21 - 3887 - 0996 传真:86 - 21 - 5882 - 0669 网址:www. curainvest. cn
18	北京信中利投资股份有限公司	PE/VC	地址:北京市朝阳区新东路首开幸福广场 C 座 3 层 电话:86 - 10 - 8555 - 0508 传真:86 - 10 - 8555 - 0509 网址:www. chinaequity. net
19	北极光创投	VC	地址:北京市朝阳区建国路 79 号华贸中心 2 号写字楼 32 层 100025 电话:86 - 10 - 5769 - 6500 传真:86 - 10 - 5769 - 6185 网址:www. nlightvc. com
20	北京金融资产交易所	中介服务机构	地址:北京市西城区金融大街乙 17 号 电话:86 - 10 - 5789 - 6666 传真:86 - 10 - 5789 - 6688 网址:www. cfae. cn
21	北京控股有限公司		地址:北京市朝阳区化工路 59 号院 2 号楼北控大厦 电话:86 - 10 - 5689 - 1818 传真:86 - 10 - 8587 - 9055 网址:www. begcl. com
22	中国企业投资协会		地址:北京市海淀区知春路 113 号银网中心 A 座 16 层 电话:86 - 10 - 6257 - 7428/30 传真:86 - 10 - 8261 - 2221 网址:www. ceia. cn
23	毕马威华振会计师事务所	中介服务机构	地址:中国北京东长安街 1 号东方广场毕马威大楼 8 层 电话:86 - 10 - 8508 - 5000 传真:86 - 10 - 8518 - 5111 网址:www. kpmg. com

续表

序号	机构名称	机构类型	联系方式
24	天元律师事务所	中介服务机构	地址:北京市西城区丰盛胡同 28 号太平洋保险大厦 10 层 电话:86－10－5776－3888 传真:86－10－5776－3777 网址:www. tylaw. com. cn
25	美国佳利律师事务所北京办事处	中介服务机构	地址:北京市朝阳区东三环中路 5 号财富金融中心 45 层 电话:86－10－5920－1000 网址:www. cgsh. com
26	高能资本	PE/VC	地址:北京市东城区东四十条甲 22 号南新仓商务大厦 B 座 1711b 电话:86－10－5218－5240 网址:www. powercapital. cn
27	德同资本	PE/VC	地址:北京市朝阳区东三环中路 7 号财富中心写字楼 A 座 611 室 电话:86－10－6530－9968 传真:86－10－6530－9968－108 网址:www. dtcap. com
28	上海浦东发展银行北京分行		地址:北京市西城区太平桥大街 18 号丰融国际大厦 电话:86－10－5739－5421 网址:www. spdb. com. cn/chpage/c353/doclist. aspx
29	华夏银行		地址:北京市东城区建国门内大街 22 号华夏银行大厦 网址:www. hxb. com. cn/chinese/index. html
30	国投创新(北京)投资管理有限公司	PE	地址:北京市西城区广安门外南滨河路 1 号中国高新大厦 7 层 电话:86－10－6336－7686 传真:86－10－6336－6130 网址:www. sdicfund. com
31	招商致远资本投资有限公司	券商直投	地址:北京市西城区金融大街甲 9 号金融街中心 7 层 电话:86－10－5760－1898 传真:86－10－5760－1880 网址:www. newone. com. cn
32	尚融资本	PE	地址:北京市朝阳区东方东路 19 号院 5 号楼亮马桥外交办公大楼 D1 座 23 层 电话:86－10－6702－0808 传真:86－10－6701－8885 网址:www. chnc. com. cn

续表

序号	机构名称	机构类型	联系方式
33	华融融德资产管理有限公司	PE	地址:北京市西城区武定侯街 6 号 306 室 电话:86 - 10 - 5931 - 5310 网址:www. rongdeamc. com. cn
34	北京首创创业投资有限公司	PE/VC	地址:北京市海淀区紫竹院路 81 号北方地产大厦 9 层 911 电话:86 - 10 - 6896 - 4806 传真:86 - 10 - 6896 - 4808 网址:www. capitalvc. com
35	深圳甲乙丙基金管理有限公司	PE	地址:广东省广州市天河区华夏路 16 号富力盈凯广场 1702 室之三
36	北京展腾渤润投资管理有限公司	PE/咨询	地址:北京市朝阳区建国路 77 号华贸中心 3 座 6 层 602 电话:86 - 10 - 5940 - 3999 邮编:86 - 10 - 5940 - 3869 网址:www. eagleig. com
37	北京华宏海泰投资管理有限公司	PE	地址:北京市海淀区北四环西路 67 号中关村国际创新大厦 2 层 207 室 电话:86 - 10 - 6256 - 3811/3851 传真:86 - 10 - 6256 - 2131 网址:www. hhifund. com
38	清科财务管理咨询(北京)有限公司		地址:北京市朝阳区东方东路 19 号亮马桥外交办公大楼 D1 座 18 层 电话:86 - 10 - 8453 - 5220 传真:86 - 10 - 8458 - 3425 网址:www. zero2ipo. com. cn
39	北京国泰创业投资基金管理有限公司	VC	地址:北京市海淀区宝盛里宝盛南路 1 号院奥北科技园国泰大厦 9 层 电话:86 - 10 - 8885 - 4918 传真:86 - 10 - 8885 - 6409 网址:www. gtvc. cc
40	人保资本投资管理有限公司	PE	地址:北京市西城区西长安街 88 号中国人保大厦 8 层西区 电话:86 - 10 - 8356 - 1999 传真:86 - 10 - 8356 - 1900 网址:www. picc. com/html1/folder/0/4472 - 1. htm
41	北京立达投资基金管理中心	PE	地址:北京市海淀区板井路 69 号世纪金源大饭店东区写字楼 7 层 电话:86 - 10 - 8845 - 9919 传真:86 - 10 - 8845 - 9971 网址:www. lead. com. cn

续表

序号	机构名称	机构类型	联系方式
42	通用(北京)投资基金管理有限公司	PE	地址:北京市西三环中路90号通用技术大厦16层 电话:86-10-6334-9008 网址:www.gtconsulting.com
43	金陵华软	VC	地址:北京市东直门南大街1号来福士中心办公楼904室 电话:86-10-6553-8990 传真:86-10-6553-5560 网址:www.chinasoftcapital.com
44	南山资本	PE	地址:北京市朝阳区三元桥凤凰置地广场A座2001 电话:86-10-5762-3657 网址:www.nanshancap.com
45	上海山楂树投资管理中心(有限合伙)	PE	地址:上海浦东南路256号华夏银行大厦1905A室 电话:021-50199926
46	北京左驭资产管理有限公司	VC	地址:北京市朝阳区建国路79号华贸中心2号楼1301室 电话:86-10-8599-9010 网址:www.zuoyucapital.com
47	北航长鹰资本管理(北京)有限公司	PE	地址:北京市海淀区知春路7号致真大厦A座1605 电话:86-10-8303-0688
48	中冀投资股份有限公司	综合投资	地址:北京市丰台区丰台北路18号院恒泰中心C座22层 电话:86-10-8327-2900 网址:www.zj-inv.cn
49	东海岸投资	PE	地址:北京市朝阳区东三环中路乐成中心B座16层 电话:86-10-8771-8189 网址:www.cecicapital.com
50	紫马基金	FOFs	地址:北京市朝阳区建国路91号金地中心B座1805 电话:86-10-8591-0855 传真:86-10-8591-0853 网址:www.pefofs.com
51	汉能(北京)投资咨询有限公司	PE/VC	地址:北京市朝阳区建国路79号华贸中心2座14层 电话:86-10-8588-9000 传真:86-10-8588-9001 网址:www.hinagroup.com

续表

序号	机构名称	机构类型	联系方式
52	北京金立方投资管理有限公司	VC	地址:北京西城区阜外大街 11 号国宾大厦 908 室 电话:86 - 10 - 6800 - 5808 传真:86 - 10 - 6800 - 5618 网址:www. goldencube. cn
53	北京金石农业投资基金管理中心	PE	地址:北京市朝阳区吉庆里 14 号佳汇国际中心 A 座 1603 电话:86 - 10 - 6553 - 6262 传真:86 - 10 - 6553 - 8591 网址:www. agri - fund. cn
54	中国 - 比利时直接股权投资基金	VC	地址:北京市西城区金融街 35 号国际企业大厦 C 座 10 电话:86 - 10 - 6656 - 8002 传真:86 - 10 - 8809 - 1810
55	杜鸣联合房地产评估(北京)有限公司	中介服务机构	地址:北京市东城区建国门内大街 18 号恒基中心办公楼三座 904 室 电话:86 - 10 - 6518 - 6683 网址:www. dmlh. cn
56	投中集团	中介服务机构	地址:北京市东城区东直门南大街 11 号中汇广场 A 座 7 层 电话:86 - 10 - 5978 - 6658 网址:www. chinaventure. com. cn
57	宁波瀚铖股权投资管理有限公司	PE	地址:北京市丰台区育芳园西里 1 号万年基业办公楼金融部 电话:86 - 10 - 6379 - 3838 传真:86 - 10 - 6378 - 0338 网址:www. wannian. com. cn
58	北京富莱晨思特许经营商业投资中心	PE	地址:北京市石景山区石景山路 20 号中铁建设大厦 19 层 电话:86 - 10 - 5265 - 6114 传真:86 - 10 - 5265 - 6126
59	北京市柴傅律师事务所	中介服务机构	地址:北京市朝阳区亮马桥路 39 号第一上海中心 4 层 100125 电话:86 - 10 - 8453 - 4567 传真:86 - 10 - 8453 - 4568 网址:www. chaifu. com
60	北京中拓创富投资管理中心	VC	地址:北京市海淀区北坞村路甲 25 号静芯园 L 座南二层 电话:86 - 10 - 5156 - 3030 传真:86 - 10 - 5156 - 2009

续表

序号	机构名称	机构类型	联系方式
61	平安信托投资有限责任公司	PE	地址:北京朝阳区新源南路3号平安国际金融中心A座 网址:trust. pingan. com
62	北京市权亚律师事务所	中介服务机构	地址:北京市朝阳区建国门外大街一号国贸写字楼一座2218 电话:86-10-6505-8188 传真:86-10-6505-8189/98 网址:www. transasialawyers. com
63	北京厚生投资管理中心(有限合伙)	PE	地址:北京北京市建国门外大街双子座大厦西塔2508 电话:86-10-5120-8178 网址:www. hosencapital. com
64	盛诺金基金	PE	地址:北京市朝阳区北辰东路8号汇宾大厦B座0421室100029 电话:86-10-8497-1699 传真:86-10-8497-1799 网址:www. sngfund. com
65	华融渝富股权投资基金管理有限公司	PE	地址:北京市西城区金融大街8号中国华融大厦C座九层 电话:86-10-5961-9161 传真:86-10-5961-9175 网址:www. hryfc. com. cn
66	安永(中国)企业咨询有限公司	中介服务机构	地址:北京市东城区东长安街1号东方广场安永大楼100738 电话:86-10-5815-3000 传真:86-10-8518-8298 网址:www. ey. com/CN/zh/Home
67	北京通盈盛世投资基金管理有限公司	PE	地址:北京市东城区新中西里13号巨石大厦803 电话:86-10-6417-9733
68	北京银行股份有限公司	中介服务机构	地址:北京市西城区金融大街丙17号100033 网址:www. bankofbeijing. com. cn
69	德勤华永会计师事务所有限公司北京分所	中介服务机构	地址:中国北京市东长安街1号东方广场东方经贸城德勤大楼8层100738 电话:86-10-8520-7788 传真:86-10-8518-1218 网址:www. deloitte. com/view/zh_CN/cn/index. htm
70	北京财富世纪投资基金管理有限公司	PE	地址:北京市朝阳区光华里12号 电话:86-10-8447-9959 传真:86-10-8447-9493

续表

序号	机构名称	机构类型	联系方式
71	爱康创业投资有限公司	VC	地址:北京市朝阳区安翔里甲 21 号楼 3 层 电话:86 - 10 - 6208 - 1488 传真:86 - 10 - 6208 - 1346 网址:www. aikanggroup. com
72	福建拓维律师事务所	中介服务机构	地址:福建省福州市台江区江滨西大道 100 号融侨中心 18 楼 电话:0591 - 8738 - 8366 传真:0591 - 8738 - 8266 网址:http://topwe - law. com/
73	北京貔亿投资管理有限公司	PE	地址:北京市朝阳区东三环北路甲 19 号嘉盛中心 29 层 电话:86 - 10 - 5781 - 3199 网址:www. pebeijing. show. imosi. com
74	银基伟业	PE	地址:北京经济技术开发区经海路 1 号院 57 号楼 电话:86 - 10 - 5671 - 7110 网址:www. chinabankfund. com
75	航天产业投资基金管理有限公司	PE	地址:北京市西城区平安里西大街 31 号航天金融大厦 6 层 100035 电话:86 - 10 - 6649 - 8999 传真:86 - 10 - 6649 - 8989
76	美国美迈斯律师事务所北京代表处	中介服务机构	地址:中国北京市建国门外大街 2 号银泰中心 C 座 37 层 100022 电话:86 - 10 - 6563 - 4200 传真:86 - 10 - 6563 - 4201 网址:www. omm. com
77	北京京西创业投资基金管理有限公司	VC	地址:北京市石景山区石景山路 20 号中铁建设大厦 15 层 100043 电话:86 - 10 - 5239 - 3988 传真:86 - 10 - 5239 - 3900 网址:www. bwfm. com. cn
78	穆塞克(北京)投资基金管理有限公司	PE	地址:北京市海淀区中关村西区海淀东三街 2 号欧美汇大厦 7 层 100080 电话:86 - 10 - 6260 - 2220 网址:www. mosaic - beijing. com
79	瑞银环球资产管理(中国)有限公司	PE	地址:北京市西城区金融大街 7 号英蓝国际金融中心 1119 室 100033

续表

序号	机构名称	机构类型	联系方式
80	北京金融街投资管理有限公司	PE	地址:北京市西城区金融大街33号通泰大厦B座11层 电话:86-10-88088638 网址:www. fsig. com. cn
81	曼达林投资顾问有限公司	PE	地址:上海市南京西路1515号2702室 电话:021-5298-6600 网址:www. mandarincap. com
82	银证国际投资基金管理(北京)有限公司	PE	地址:北京市东城区广渠门内大街45号雍贵中心B座2层 电话:86-10-8755-5651 传真:86-10-8755-5650
83	高伟绅律师事务所北京代表处	中介服务机构	地址:北京市朝阳区建国门外大街1号国贸大厦1座33楼100004 电话:86-10-6535-2288 传真:86-10-6505-9028 网址:www. cliffordchance. com
84	北京昆仑星河投资管理有限公司	VC	地址:北京市东城区东四十条甲22号南新仓商务大厦A1705100007 电话:86-10-5169-0605 传真:86-10-5169-0612 网址:www. kunlunfund. com. cn
85	新沃资本	PE	地址:北京市海淀区丹棱街3号中国电子大厦B座1616室 电话:86-10-6894-9996 传真:86-10-6894-1717 网址:www. sinvocapital. com
86	稳盛(天津)投资管理有限公司	PE	地址:北京市朝阳区建国路91号金地中心B座27层2708室100022 电话:86-10-5768-5966 传真:86-10-5768-5999 网址:www. winsinvestment. com
87	光大金控投资管理有限公司	PE	地址:北京市西城区太平桥大街25号光大中心B座14层 电话:86-10-8801-3300 传真:86-10-8801-3399 网址:www. ebasset. com
88	工银国际融通资本	PE	地址:北京市西城区宣武门外大街甲1号环球财讯中心C座603A 100052 电话:86-10-5933-6655 传真:86-10-5933-6611

续表

序号	机构名称	机构类型	联系方式
89	中国建设银行股份有限公司北京市分行	中介服务机构	地址:中国北京西城区金融大街 25 号 100033
90	博泽资产管理有限公司	PE	地址:北京市朝阳区光华路 1 号嘉里中心南楼 11 层 1121 室 电话:86 – 10 – 8564 – 8000 网址:www. bozeasset. com
91	万通投资控股股份有限公司	企业	地址:北京市西城区阜成门外大街 2 号万通新世界广场 B 座 8 层 电话:86 – 10 – 6804 – 6012 传真:86 – 10 – 6804 – 6071 网址:www. vantone. net
92	君盛投资管理有限公司	PE	地址:深圳市龙华新区玉龙路圣莫丽斯花园 B17 栋 1 单元 3 楼 电话:86 – 755 – 8257 – 1118 传真:86 – 755 – 8257 – 1196 网址:www. junsancapital. com
93	北京大成律师事务所投资并购部	中介服务机构	地址:北京市朝阳区东大桥路 9 号侨福芳草地 D 座 7 层 电话:86 – 10 – 5813 – 7799 传真:86 – 10 – 5813 – 7788 网址:www. dachenglaw. com
94	高和资本	PE	地址:北京市朝阳区建国门外大街 1 号国贸写字楼 1 座 17 层 1725 电话:86 – 10 – 6505 – 5996 传真:86 – 10 – 6506 – 8199 网址:www. gohighfund. com
95	东方藏山资产管理有限公司	PE	地址:北京市朝阳区光华路 5 号世纪财富中心西座 22 层 电话:86 – 10 – 6584 – 7588 网址:www. cos – capital. com
96	泛亚国际	PE	地址:北京市朝阳区呼家楼京广中心 1 号楼 3601
97	上海银行北京分行资产托管部	中介服务机构	地址:北京市朝阳区建国门外大街丙 12 号 电话:86 – 10 – 5761 – 0097 传真:86 – 10 – 5761 – 0094 网址:www. bankofshanghai. com

续表

序号	机构名称	机构类型	联系方式
98	北京金杜律师事务所	中介服务机构	地址:北京市朝阳区东三环中路1号环球金融中心办公楼东楼20层 电话:86-10-5878-5588 传真:86-10-5878-5599 网址:www. kingandwood. com
99	北京基石创业投资管理中心(有限合伙)	VC	地址:北京市海淀区彩和坊路10号1+1大厦1305室 电话:86-10-6019-0398 传真:86-10-6019-0393 网址:www. bjjsfund. com. cn
100	盛世神州基金	PE	地址:北京市朝阳区朝阳北路237号复星国际中心1906 电话:86-10-5977-0808 传真:86-10-5977-0828 网址:www. grandchinafund. com
101	泰康资产管理有限责任公司	保险资产管理公司	地址:北京市武定侯街2号泰康国际大厦3层 电话:86-10-5769-1888 网址:www. taikang. com
102	方源资本	PE	地址:北京市朝阳区建国路77号华贸中心3号楼3301室 电话:86-10-5776-6288 传真:86-10-5776-6299 网址:www. fountainvest. com
103	紫荆商业保理有限公司	中介服务机构	地址:北京市海淀区远大路25号福朋喜来登服务公寓590室 电话:86-10-8889-8888
104	北京深行投资管理有限公司	PE	地址:北京市朝阳区三里屯北小街5号 电话:86-10-6418-3918 网址:www. shenxingcapital. com
105	长征国际咨询有限公司	中介服务机构	地址:北京市朝阳区三丰北里1号悠唐国际写字楼A座8层 电话:86-10-8565-1676 传真:86-10-8565-1666
106	北京海创百川投资管理有限公司	PE	地址:北京市东城区雍和航星科技园8号楼3层 电话:86-10-5274-0678

续表

序号	机构名称	机构类型	联系方式
107	上海陆嘉同系投资管理有限公司	PE/VC	地址:北京市朝阳区建国门外大街1号国贸写字楼1座13层 电话:86-10-5947-1157 传真:86-10-5947-1156 网址:www. tongxicapital. com
108	英泰格瑞(天津)股权投资基金管理有限公司	地产/PE	地址:北京市朝阳区东三环中路18号东环大厦8层 电话:86-10-6774-8799 传真:86-10-6774-8977 网址:www. ytgrtrust. com
109	北京天驰君泰律师事务所	中介服务机构	地址:北京市朝阳区北辰东路8号汇宾大厦6层A座 电话:86-10-6184-8000 传真:86-10-6184-8008 网址:www. tiantailaw. com
110	芬兰投资促进署(Finpro)		地址:上海市浦东新区碧波路690号2号楼401 Invest in Finland, Finpro 网址:www. investfinland. cn
111	深圳市基石资产管理股份有限公司	VC	地址:北京市朝阳区北四环中路27号盘古大观A座写字楼9层 电话:86-10-5978-1528 传真:86-10-5978-1528-804 网址:www. stonevc. com
112	信风投资管理有限公司	PE	地址:北京市西城区阜成门外大街22号外经贸大厦东座11层 电话:86-10-5327-1461 传真:86-10-5327-1478
113	浦发银行科技金融服务中心		地址:西城区太平桥大街18号丰融国际大厦811
114	北京华奥盛德股权投资基金管理有限公司	PE/VC	地址:北京市西城区莲花池东路106号汇融大厦A座1202室 电话:86-10-6394-2990 传真:86-10-6394-2990

注:北京股权投资基金协会根据公开信息搜集整理。部分会员信息未收录其中。

本表信息截止日期为2018年3月。

第 六 部 分

北京股权投资基金协会介绍

北京股权投资基金协会介绍

北京股权投资基金协会(简称“北京 PE 协会”,英文:Beijing Private Equity Association,缩写为 BPEA)是在北京市政府大力推动下,由北京市金融工作局为指导单位,股权投资行业人士自愿联合发起成立的非营利性社会团体法人机构。协会成立于 2008 年 6 月 20 日。

协会致力于:

促进行业环境建设　建立自律监管机制;

维护会员合法权益　研究行业发展动向;

培养相关专业人员　组织内外交流合作。

1. BPEA 研究板块:

1)《中国股权投资基金手册》

协会自 2011 年起出版的中国股权投资基金行业指导原则,已于 2012 年、2014 年、2016 年分别改版 3 次。

2)《中国母基金实践指引白皮书》

协会自 2017 年首次印刷出版的中国母基金实践指引,第一次大规模组织访谈了北京、上海、深圳等全国 22 家母基金的掌舵人和高管,深入实务操作,揭示了他们管理母基金的核心思路和实践经验。

3)北京地区私募股权投资行业发展指数

北京PE指数以2013年上半年为基期,每半年编制发布一期,截止到2018年4月已发布10期。

4)《北京地区股权投资行业报告》

协会已连续多年出版的以北京地区为主的股权投资行业报告,于每年的5月份出版。

5)《中国PE与VC专刊》

协会自创办之初发行的内部周刊,于每周一以电子版形式发送,截止到2018年3月底已发行430余刊。

2. BPEA培训活动

1)BPEA月度培训

针对PE/VC法律、税务、行业动态培训,每月中下旬举办,已举办70余期。

2)BPEA管理系列培训

实操型PE培训课程,涉及PE募集、投资、管理、退出及法律和税务六个环节,每期四天,每半年举办一次,已举办10余期。

3)专题培训活动

依据行业热点难点展开培训,已组织退出系列培训(共4期)、一带一路系列培训(共5期)等。

3. BPEA 其他活动

1)“投投适道”

项目对接会,每月中下旬举办。

2)行业交流酒会

BPEA 季度活动。

3)PE 走进高新区系列活动

带领投资机构走进地方高新区,不定期活动。

4)各专委会活动

已成立文化、特殊资产、跨境投融资、新三板、LP、并购、军民融合等专业投资委员会,各专委会每月举行一次交流活动。

4. 基金服务

为基金机构提供注册、备案、法律文件拟定、政策优惠落实等服务。

5. 全球 PE 北京论坛

BPEA 年度活动,每年 12 月初举办。

联系方式:

北京市海淀区彩和坊路 11 号华一控股大厦 13 层(100080)

传真:86 - 10 - 8808 - 6229

Email:bpea@ bpea. net. cn

网址:www. bpea. net. cn

官方微信账号:bpea - bpea

会员部:

联系人:杨小姐

联系方式:86 - 10 - 8808 - 7229

86 - 10 - 8808 - 7035

Email:yyang@ bpea. net. cn